# 高校思想政治教育与大学生素质培养研究

高玉锋◎著

北京燕山出版社

图书在版编目（CIP）数据

高校思想政治教育与大学生素质培养研究 / 高玉锋
著 . -- 北京 : 北京燕山出版社 , 2023.10

ISBN 978-7-5402-7067-4

Ⅰ . ①高⋯ Ⅱ . ①高⋯ Ⅲ . ①高等学校－思想政治教
育－研究－中国②大学生－素质教育－研究 Ⅳ .
① G641 ② G640

中国国家版本馆 CIP 数据核字 (2023) 第 190803 号

高校思想政治教育与大学生素质培养研究

著者：高玉锋

责任编辑：郭扬

封面设计：李伟

出版发行：北京燕山出版社有限公司

社址：北京市西城区椿树街道琉璃厂西街 20 号

邮编：100052

电话：86-10-65240430（总编室）

印刷：天津和萱印刷有限公司

成品尺寸：170 mm × 240 mm

字数：200 千字

印张：10.75

版别：2024 年 5 月第 1 版

印次：2024 年 5 月第 1 次印刷

ISBN：978-7-5402-7067-4

定价：68.00 元

# 作者简介

　　**高玉锋**　男，汉族，1985 年 1 月出生，河南新郑人，中共党员，青海民族大学公共管理硕士，郑州市委政策研究室副科级干部，主要从事思想政治教育方面研究。

# 前 言

思想政治教育是我们党的光荣传统和政治优势，是社会主义精神文明建设的一项基础工程，是我们各项工作顺利开展的生命线。高等学校的根本任务是育人，高校承担着人才培养、科学研究和服务社会的职能，是培养全面发展的高素质人才的摇篮。作为未来的社会主义接班人，大学生的素质决定了其自身今后的发展。无论在校园学习过程中，还是在毕业后进入社会，拥有良好素质的大学生所具备的优势是十分明显的。尤其在最近几年，大学生的素质相比以往有了显著提升，但是在紧追社会发展脚步时，仍然显得十分吃力。社会的各行各业，对于大学生素质的要求往往是多方面的，这就需要大学生在校内就接受全方位的素质培养。本书将围绕高校思想政治教育与大学生素质培养研究展开论述。

本书第一章为高校思想政治教育相关概述，分别介绍了高校思想政治教育的含义、高校思想政治教育的特点、高校思想政治教育的意义、高校思想政治教育的不足与改进措施；第二章为高校思想政治教育教学方式，分别介绍了教学方法理论基础、高校思想政治教育的教学理念与方式、高校思想政治教育教学方式的创新；第三章为高校思想政治教育的话语传播，分别介绍了高校思想政治教育话语传播的理论、高校思想政治教育话语传播的现状、高校思想政治教育话语传播的基本规律与核心向度、高校思想政治教育话语传播的主要原则与多维关系；第四章为校园文化建设与大学生素质的培养，分别介绍了校园文化建设与大学生素质培养的内在联系、校园文化建设与大学生素质培养的系统观、校园文化建设与大学生政治素质的培养、校园文化建设与大学生道德素质的培养、校园文化建设与大学生体能素质的培养、校园文化建设与大学生心理素质的培养；第五章为大学生综合素质培养与提升，分别介绍了大学生礼仪素质的培养与提升、大学生管理素质的培养与提升、大学生领导力素质与团队精神素质的培养与提升以及大学生自信表达素质、人际关系素质的培养与提升。

在撰写本书的过程中，作者得到了许多专家学者的帮助和指导，参考了大量的学术文献，在此表示真诚的感谢！本书内容系统全面，论述条理清晰、深入浅出。

限于作者水平不足，加之时间仓促，本书难免存在一些疏漏，在此，恳请同行专家和读者朋友批评指正！

高玉锋

2023 年 2 月

# 目　录

# 第一章　高校思想政治教育相关概述

本章主要从四个方面进行了阐述，分别是高校思想政治教育的含义、高校思想政治教育的特点、高校思想政治教育的意义、高校思想政治教育的不足与改进措施。

## 第一节　高校思想政治教育的含义

### 一、高校思想政治教育的内涵

思想政治教育是以一定的思想观念、政治观点和道德规范为基础，通过有目的、有计划、有组织的社会实践活动，对社会或社会群体的成员施加影响，以培养符合一定社会要求的思想品德。

在中国精神文明建设中，思想政治教育是一项至关重要的任务，也是解决社会矛盾和问题的主要手段之一。改革开放以来，随着我国社会主义市场经济体制的逐步建立与完善，人们的思想观念发生了深刻变化，对思想政治教育提出了许多新课题。在当今市场经济的背景下，中国的思想政治工作面临着相对薄弱的局面，这使得思想政治教育的实施变得异常棘手，难以满足现代社会的发展需求。究其原因，除了体制上的一些弊端外，最根本的一点就是忽视了人格这一精神因素对人的影响和作用。因此，加强思想政治教育中的人格教育显得尤为重要。思想政治教育的根基在于人格教育，缺乏此基石，思想政治教育便如同漂泊无定的浮萍，永远漂浮在思想的表面，无法深入。

思想政治教育学是一门探究人类思维和行为的科学，其研究对象包括人类思维和行为的演变规律，以及实施思想政治教育所需遵循的规律。研究的核心在于探究人类思想、观点和立场的演变，以及形成人生观和世界观的规律。

## 二、高校思想政治教育的实施者和接受者

高校作为思想文化建设和人才培养的重要场所，在国家经济社会发展全局中居于重要地位，高校思想政治教育工作更是高校建设的生命线。一直以来，理论界对于高校思想政治教育的理论体系存在诸多观点。当前，高校所处的内外环境复杂多变，界定高校思想政治教育的实施者和接受者，概括其利益和意识，进而把握实现其主义和主题的方式，成为高校思想政治工作的基础内容之一。

### （一）高校思想政治教育的实施者

高校思想政治教育的实施者是从事思想政治教育的教师和人员，他们的职责和作用不仅在于承担两个文明建设的基础和保证作用，更在于通过塑造人格和培养科学思维，为高校思想政治教育注入新的活力。作为思想政治教育工作者，要把学生放在第一位，使他们成为德、智、体全面发展的人才，就需要有较高的政治素质，良好的心理品质，较强的心理素质等素质条件。在思想政治教育的进程中，教育者扮演着矛盾的核心角色，占据着主导地位，并发挥着主导的作用。教育者在进行思想政治教育时，必须遵循社会对其思想体系、政治观念以及社会道德规范的要求。思想教育的顺利实施和预期目标的达成，在很大程度上取决于受教育者的积极性和主动性，而这种积极性和主动性的发挥则取决于主体教育者的积极引导和努力激发，以及科学的调动方式。因为大学生作为一个特殊群体，其主体性还未得到充分开发。因此，在主体积极教育的过程中，教师应积极引导，努力以科学的方式调动大学生在教育过程中的主动性和积极性，从而实现教育目标。

为了实现教育的目标和成果，思想政治教育主体的教师必须不断学习，提高自身的政治和思想素养，积极参与科研活动，不断提升科学理论水平；转换思维模式，更新认知模式，树立市场导向、竞争导向、效益导向、创新开拓的理念。在教学过程中，应注意培养学生的创新意识、创造能力，激发学生的学习兴趣，调动学生参与的积极性，注重对他们进行心理疏导与训练。教师应当以掌握大学生的思想特征为切入点，引导大学生逐渐掌握自我评价的标准，培养其积极主动的自我教育能力，从而充分发挥其主动性和积极性，将正确的信念和行为动机付诸实践，方能真正实现思想政治教育的目标。

## （二）高校思想政治教育的接受者

思想政治教育的接受者指的是在高等院校接受全面教育的大学生群体。大学生在接受教育的过程中，是在一定的指导下进行自我教育的过程，这一过程实际上是受教育者内在思想矛盾的动态变化。

现代大学生在接受思想政治教育时，通常呈现出以下特质。

### 1. 思想具有社会性

大学生的思想状态是社会发展的产物，时代背景、社会现象对年轻人的影响，都会在大学生身上得到体现。

### 2. 认知具有能动性

大学生群体以其高度的主观能动性和积极创造性而著称，他们在思想政治教育方面表现出积极主动的选择倾向，这恰恰彰显了他们独特的个性认知状态。

### 3. 身心具有可塑性

大学生群体正处于生理和心理成熟的关键时期，他们的心理和思想具有高度的可塑性。

## （三）高校思想政治教育中实施者和接受者的关系

在进行思想政治教育时，大学生常常以自身的主观视角为出发点，然而这种视角存在着内在的矛盾，从而导致了大学生在选择取舍方面的不确定性。因此，为了确保思想政治教育的针对性和实效性，教育者必须深入了解和掌握大学生的思想特质以及社会思潮在大学生身上的反映。

在现实和理论层面上，教育者的主体地位和主导作用得到了充分的肯定，而受教育者的客体地位和服从的角色定位则是毋庸置疑的。要使我们所进行的思想政治教育活动取得最佳效果，必须重视教育者与被教育者之间的关系，尤其是教育者自身的权威问题。如果过分强调教育者的权威性，虽然可以确立较为完整和系统的思想政治教育内容，但教育者却被视为整个教育的绝对中心，而大学生则处于绝对的服从或被动的地位，这必然会导致大学生的主动性和积极性被忽视或否定，从而使得大学生对思想政治课的内容只停留在表面的认识和服从阶段，阻碍了大学生从认同到内化的转变，无法真正实现思想政治教育的效果。因此，我们必须从主体性出发来审视思想政治教育中的主体问题，只有当受教育者成为主体时才能有效地引导大学生进行积极的思考和探索。但是，若过度强调大学生在思想政治教育中的绝对核心地位，虽然可以激发大学生的主观能动性，充分发挥其自我意识、自我评价、自我分析和自我选择的能力，但教育者只能被动地跟随学生的自主选择，导致大学生的自我意识膨胀，这种膨胀的自我意识在不正确的外因影响下必然会忽视、否定思想政治教育及其导向作用，从而引发对整个教育方向的否定。所以说大学生的自我调节和自我管理对于其自身发展具有重要意义，而高校思想政治工作者应该从这个角度出发进行工作，以保证教育效果的最大化。任何一项教育活动都不是教师的独立行动，也不会仅仅是教师的单向作用，在教育过程中，除了教师的主动因素外，还需要学生的积极因素参与。

与其他教育一样，思想政治教育也是一种师生互动的过程，旨在促进彼此之间的思想交流和理解。这个交往既包括双方相互沟通，也包括教师与学生共同进行思考和探索。这是一个双向的、相互作用的过程，涉及主体和客体之间的互动和交流。因此，要想提高思想政治教育效果，就必须重视教育者的主导作用，肯定教育者在教育过程中的主导地位，不能否认学生的主观能动性，实际上，受教育者的主动性、积极性、创造性恰恰是教育者主导地位的一个方面。因此，要提高教学质量，就必须重视对学生的引导与激励，而这种引导与激励又离不开教师的主导作用。教师的主导地位应当建立在学生充分发挥主观能动性的基础上，以确保学生在学习过程中能够积极地参与并发挥出自己的潜力；只有当教师主导作用得以充分发挥时，才能保证教育效果的顺利实现。所以，如何充分调动和发挥学生的主体作用，也就成了当前教学改革中迫切需要解决的问题之一。为了实现学生有效学习的目标，主体主导作用必须以激发学生的主动性、积极性和创造性为前提，而实现这一目标的最有效方法之一是进行教师和学生角色互换，将教师的积极教育过程与学生的能动受教育过程融为一体，形成一个有机的整体。

当涉及某些社会敏感问题和热点问题时，大学生可以在课堂上扮演教师的角色，由大学生主讲，通过青年学生独特的自我感受和理解，对这些问题进行分析和说明，或者创造冲突、有矛盾的"情感场合"，引导大学生自觉地作出是非选择。这样做的目的是让大学生通过这种方式认识自己、认识社会，从而使他们能更好地参与社会主义现代化建设。同时，教师的角色被转化为学生，以学生的身份探究、接纳或学习他们对社会问题的分析和阐述。

在教学实践中，这种方法具有显著的效果：它消除了师生之间的心理距离，增强了大学生对课程和教师的信任，同时避免了学生产生反感和教师产生被动态度，提高了学生参与的积极性，从而激发了学生的学习主动性；同时还能够使大学生主动思考、自主探索、自主评价、自我反省和自我完善等多种意识得以体现。对于教师而言，最大的利益在于在最短的时间内获取了大量的反馈信息，从而使教师能够及时了解大学生的思想动态和问题认识、分析原则，以便调整教学内容。同时，教师还要鼓励大学生提高自身的认知能力，充分发挥主观能动性，肯定大学生的正确选择，引导他们走出思想的偏差和认识的误区，培养他们切合实际的理性思考问题的习惯，并消除他们自身社会责任意识中存在的主观性和情绪色彩。总之，思想政治教育具有教育性和导向性双重特性，它与高等教育有着密不可分的关系。思想政治教育作为一项服务于经济建设和社会发展的重要任务，具有不可替代的价值和意义。因此，高校思想政治教育必须与社会主义市场经济相适应，与高等教育改革相适应。在新的时代背景下，高等院校的思想政治教育应该以培养大学生的素质为中心，准确把握大学生的思想特点，摒弃简单、空洞的教条，实现从单一的灌输式教学向双向互动式交流的转变，从而提高教育的针对性和实效性。

## 三、高校思想政治教育的主要内容和任务

### （一）高校思想政治教育的主要内容

根据我国《教育法》规定，国家在受教育者中进行爱国主义、集体主义、社会主义的教育，进行理想、道德、纪律、法制、国防和民族团结的教育。传承和弘扬中华民族卓越的历史文化传统，汲取人类文明发展的所有卓越成果，是教育的必然选择。同时，必须坚持正确的办学方向，遵循党的教育方针和政策。思想政治教育包括了对大学生世界观、人生观、价值观等方面的培养。每一项内容均可细分为多个具体方面，呈现出多元化的特征。

爱国主义教育涵盖了中华民族源远流长的历史文化和卓越的传统文化教育、党的基本路线和社会主义现代化建设的成就教育、中国国情教育、社会主义民主和法制教育，以及和平统一、一国两制的方针教育。

集体主义教育涵盖了对他人的尊重、关怀和理解，以及促进集体成员之间的团结协作的教育；为集体提供优质的教育服务，以维护集体的声誉和荣誉；热爱劳动，热爱本职工作的教育。致力于推动社会进步，为家乡和社会的公益事业奉献力量的教育；在工作中体现自己价值和贡献的教育等内容。教育必须妥善处理个人与集体、国家之间的利益关系；进行以集体主义为核心的人生价值观教育。

社会主义教育是就社会发展规律进行的教育。对于社会主义现代化建设，我们需要进行经济常识教育；高校思想政治理论课教学要根据学生实际和时代要求，在传授知识、培养能力的同时加强对大学生的爱国主义、集体主义和社会主义的理想信念教育。通过教育，使大学生深刻领会党的基本路线，坚定支持党的领导，毫不动摇地走中国特色社会主义之路。

人生理想教育、道德理想教育、职业理想教育以及社会理想教育，都是理想教育的组成部分。理想教育是对学生进行思想政治工作的重要内容，也是加强素质教育、全面推进学校改革和发展的必然要求。理想教育的核心在于塑造学生为社会主义现代化建设事业奉献的精神和坚定的信仰。理想教育是对大学生进行思想政治教育的重要内容，也是加强和改进大学生思想政治工作的一项长期任务。将理想教育与世界观、人生观教育相融合，与科学信仰教育相结合，有助于大学生在社会、人生、事业等多个领域树立正确的理想和奋斗目标。

宪法及相关法律知识和法规的教育是纪律和法制教育的重要组成部分。高校思想政治工作必须把纪律与法制教育摆在重要位置，加强对大学生进行纪律与法制的基本理论和基本知识的教育。为了培养大学生高度组织性和纪律性，我们需要引导他们树立社会主义民主法制观念，自觉遵守法律法规，勇敢地与违法行为进行斗争，服从国家和集体的统一意志。

国防教育所包含的内容涵盖了对国家安全和国防意识的培养和教育。教育的使命在于捍卫祖国的独立自主，捍卫国家的主权和领土完整；实施军民团结教育，同时对普通高等学校在校生进行基础军事训练，以提升其军事素养和综合能力。提升大学生对国防和国家安全的认知，使其初步掌握基本的军事素养和技能，自觉捍卫祖国的尊严、独立和统一。

在高校思想政治教育活动中，必须不断传承和弘扬那些源远流长、历久弥新的优秀历史文化传统，因为中华民族拥有五千年的悠久历史和灿烂文化。这既是加强大学生思想政治教育工作的内在需要，也是促进社会主义精神文明建设和物质文明建设的重要内容之一。我们应该积极吸纳所有对我国经济和社会发展产生积极影响的外来文化，特别是那些具有广泛适用性的经济管理和其他管理经验，先进的教育思想和教育方法，优秀的文学艺术、文化思想，以及文明健康的生活方式和生活习惯等。

**（二）高校思想政治教育的主要任务**

在社会主义现代化建设的新时期，我国高校思想政治教育工作面临的重要任务是要全面贯彻党的教育方针，以实现培养德智体美全面发展的社会主义建设者和接班人为目标，培养"四有"新人。因此，高校思想政治教育工作必须以坚持正确的舆论导向，用科学的理论武装人，用高尚的情操鼓舞人，唱响社会主义、爱国主义和集体主义的主旋律为主要内容，大力加强师生员工的理想信念、道德观念和世界观、人生观、价值观教育，加强行为规范的养成教育。

1.加强理想信念教育

理想信念教育是思想政治教育工作的核心内容，因此，加强理想信念教育是保证社会主义现代化建设顺利进行的必然要求。在新形势下，加强理想信念教育首先就是要切实抓好科学理论武装工作。马列主义、毛泽东思想、邓小平理论、"三个代表"重要思想及习近平新时代中国特色社会主义思想是指导中国人民顺利进行社会主义现代化建设的科学理论，是实现中华民族伟大复兴的强大思想武器和坚强精神支柱，是统一全党、全国人民意志的坚实思想基础。只有用马列主义、毛泽东思想、邓小平理论、"三个代表"重要思想及习近平新时代中国特色社会主义思想武装师生员工，才能引导他们不断地解放思想、实事求是、与时俱进，正确认识共产党执政规律、社会主义建设规律和人类社会发展规律，正确认识国家的前途和命运，澄清在社会主义问题上的错误观点和模糊认识，从而坚定建设有中国特色社会主义的理想信念。

要对师生员工进行正确的世界观、人生观、价值观教育。理想信念与世界观、人生观、价值观紧密相连。崇高的理想信念，归根结底来自科学的世界观和正确的人生观、价值观。马克思主义的辩证唯物主义和历史唯物主义是指导我们观察和认识世界的科学世界观，这一科学世界观指出了观察世界、认识历史发展的正确方法，得出了资本主义必然灭亡，社会主义必然胜利的科学结论；全心全意为人民服务是每个共产党员应当奉行的正确人生观，这一人生观指明了师生员工应如何正确对待生死、荣辱、顺逆、得失、苦乐和贫富的关系，使他们在人生道路上正确前进；以个人利益和集体利益相结合、集体利益高于个人利益为原则的价值观，使我们懂得了集体利益高于个人利益的客观必要性，有利于正确处理个人与他人和个人与社会、集体、国家的关系。

要在师生员工中开展马克思主义唯物论和无神论教育。共产主义理想信念是建立在辩证唯物主义和历史唯物主义世界观基础上的，唯心主义和封建迷信是同马克思主义根本对立的，是同共产主义理想信念根本对立的。要教育师生不断学习和掌握辩证唯物主义和历史唯物主义基本原理，学习科学知识，掌握科学思想、科学精神和科学方法，用马克思主义的立场、观点、方法来分析各种社会思潮，增强识别各种反科学、非科学、伪科学的能力，坚定共产主义的理想信念。

2. 加强道德观念教育

道德是调整人与人、人与社会之间关系的行为准则，是人们关于善良与邪恶、公正与偏私的观念、原则和规范的总和。道德属于意识形态范畴，其产生和发展受到生产力水平制约，然而它一旦产生，就具有相对独立性，对社会生产力的发展具有反作用。就其本质而言，道德是人们在一定历史条件下为维护自身生活，实现人生价值，完善人的本质，协调或消解人性内在及外在矛盾所形成的，通过内心信念、评价态度、行为规范、公众原则等方式起作用的观念——行为系统。道德活动，是人类文化活动的一部分，它所担负的历史使命与人类文化活动的根本目的和内在精神是一致的。同时，道德的性质及其作用，主要取决于人类文化在历史中所呈现的整体性质，取决于构成文化整体的其他部分发展的历史水平。

道德具有阶级性、时代性、民族性和传承性的特点。在我国社会主义现代化建设的新时期，必须在全社会、全体人民中牢固树立起以集体主义为核心，坚持国家、集体、个人三者利益相统一，为人民服务，艰苦奋斗、勤俭建国，吃苦在前、享受在后的社会主义道德观。在当前的我国各高校，加强社会主义道德教育要注意把握好以下几点。

一是正确把握高校道德建设的出发点。在社会主义市场经济条件下，作为高校校园文化建设重要内容的思想道德建设应适应社会主义市场经济体制这一社会现实，以马克思主义为指导，结合社会主义发展的实践，构建起科学和系统的适合现代校园文化和道德建设的体系。这一体系在注重系统性的同时，应当体现多样化、多层次，实现先进性和广泛性的统一。

二是注意高校道德实践的差异性。由于高校学科和专业设置不同，表现出的文化内容有所侧重，民主道德生活实践层面上也显示出差异。在构建具有科学性、开放性、时代性的校园精神文化体系时，应注意循序渐进，因校制宜，充分认识其建设的复杂性和长期性。

三是正确把握高校道德建设的落脚点。在高校，必须把思想道德建设的落脚点放到追求知识、崇尚科学的宗旨上来，落实到培养人才整体素质和促进人才的全面发展上来。要把社会主义的政治素质、道德素质和科学文化素质作为一个整体来考虑，加强师生在观念、信仰、道德等层面的建设，促进他们在道德方面向内探求，引导他们对科学文化知识的探索，使他们做到知行统一，内外一致，在追求个体完美的同时，追求社会至善。

3. 加强行为规范养成教育

高校在加强对大学生的思想政治教育过程中，一定要重视对他们进行行为规范的养成教育，从具体行为习惯的养成抓起，从一点一滴抓起，努力培养他们的文明行为和道德规范。要认真贯彻实施《高等学校学生行为准则》，严格校规校纪建设，加强良好校风学风建设，把传授知识同陶冶情操、养成良好的行为习惯结合起来，把个人成才同国家前途、社会需要结合起来，形成热爱祖国、关心集体、尊敬师长、勤奋好学、团结互助、遵纪守法的风气。同时，要坚持教育同生产劳动相结合的方针，积极组织学生参加生产劳动和社会实践，帮助他们认识社会，了解国情，增强建设祖国、振兴中华的责任感。

加强大学生的思想政治教育是一项社会性的系统工程，只有动员社会各方面力量共同努力才能做好这一工作。教师在学生思想政治教育中发挥着关键的作用，一定要认真履行教书育人的任务，言传身教，为人师表，引导学生德智体美全面发展。学校要主动同社会和学生家长密切合作，互为补充，形成教育合力。要充分发挥共青团、学生会等社群组织团结和引导大学生共同进步的作用。近年来，在全国各地开展的"希望工程""青年志愿者"和"手拉手"等活动，使大学生增长了爱心，懂得了关心他人，感受到了助人的快乐，取得了良好的教育效果。

# 第二节　高校思想政治教育的特点

在改革开放日益深化的浪潮下，内外思潮各方观念互相激荡交融，国内大学生的思想行为随之发生着相应的变化，在他们身上反映出许多新的特质和现象。作为高校思想教育工作者，能否正确认识教育对象和教育环境，及时准确地把握大学生的思想动态，洞悉当前高校思想政治队伍建设的时代背景，更新思想政治教育工作理念，就显得尤为紧迫。

## 一、高校思想政治教育环境特点

大学生思想政治教育接受过程是思想政治教育环境、接受客体、实施主体三者耦合互动的过程，如果三个要素相互匹配，那么就会促进或增强教育效果；反之，如果三个要素相互掣肘，或者一两个要素相对思想政治教育环境滞后，那么就会阻碍或削弱教育效果。本书结合环境新变化，研究对象新特点，提出思想政治教育工作新应对。

### （一）现代化事业蓬勃发展下的浮躁社会环境

目前，我国正处在全面实现小康社会的攻坚期，随着 40 年改革开放步伐的稳步迈进，我国的生产力和各项事业蓬勃发展，免除农业税、实行义务教育制度、实现城镇医保和养老保险全覆盖等，上述政策、制度、措施的实施，充分彰显了社会主义制度的优越性。但是，当人们在享受改革红利的同时，也必须相应承担现代化事业蓬勃发展的负面效应——资源消耗殆尽，环境污染严重，生态系统恶化，地质灾害频繁。即使如此，现代化建设带给物质世界的时空转换力度，还是不及对人们主观精神领域的影响。改革和发展实质上是一场社会各层次人群利益关系的再分配，从某种意义上说，正是改革和发展唤起了人们内心深处对于物质欲望的需求。表现在社会上，就是经商热、创业热、赚钱热，迫切想要成功，梦想一夜发财致富，在心态上轻浮、急躁，急功近利。折射到大学校园，就表现为大学生追求金钱至上、享乐人生，不重视打基础，无法静心读书，学习动力不足。

### （二）社会过渡转型期下的信仰危机环境

转型是指事物的形态、结构和运作方式，以及人们的价值观念发生根本性转变的过程。在新兴科技的推动下，社会正在经历一场根本性的转型，这场变革将彻底改变人们的生产和生活方式。在中华人民共和国成立之前，我国一直处于农业和半农业社会的阶段，生产工具的更新换代缓慢，生产效率的提升亟待加强。在共产党人的领导下，中华人民共和国成立后开始了向工业化转型的历程，经过长达半个世纪的社会主义建设，工业化转型任务已经基本完成，目前正朝着信息化社会的方向迈进。由于限制了发展空间，许多制度建设未能跟上步伐，当前中国社会呈现出明显的"转型"迹象，其中既存在风险，也存在机遇，社会矛盾日益凸显。当前，我国社会存在的主要矛盾是利益关系调整中出现的各种新情况、新问题。物质、文化和政治三个方面的矛盾交织在一起，其中包括贫富差距、社会公平和物价问题的同步出现。从简单到复杂，从接触性到非接触性，从隐性到显性。社会转型时期的各种矛盾交织叠加形成了当前严峻的社会形势。随着社会矛盾的不断升级，共产党人的治理能力、危机处理技巧以及对社会主义道路和共产主义信仰的认知，正面临着严峻的考验。

### （三）多元文化背景下的价值多元文化环境

所有的价值观都是在特定的社会实践中形成的。这些因素共同作用于当代大学生群体。中国人民在改革开放的过程中，不仅汲取了西方先进的科技和管理经验，同时也接纳了西方文化背后的价值标准和道德准则，传统与现代的碰撞，国际与国内的融合，导致了东方文化与西方文化、主流文化与非主流文化、传统文化与现代文化多元格局的形成。这一切都使得各种思想价值观念相互激荡并形成合力。随着社会改革力度的不断加大，政治、经济、文化体制改革的同步推进，阶级、阶层等利益主体逐渐分化，从而在全社会形成了思想观念多样、阶层利益多元、文化环境多变的复杂社会结构。这些社会思潮以其鲜明的时代性、强烈的阶级性和广泛的群众性，成为当前高校思想政治教育工作中必须正视并加以正确引导的重要课题。在这样的社会结构下，逐渐涌现出许多对大学生产生深远影响的社会思潮，并逐渐扩大其影响范围。这些思潮以其强大的影响力和渗透力渗透到大学校园里，并与大学生的思想意识交织在一起。面对这种状况，如何引导当代大学生树立正确的世界观、人生观和价值观成为摆在我们面前的一项重大课题。这些思想潮流汇聚着各式各样的价值观，如洪水般涌向那些尚未确立"三观"的大学生，使得他们难以分辨真假，迷失在人生选择的道路上。在当今文化多元化的浪潮中，许多大学生缺乏理性思考和深入调查研究，轻率地抛弃了中国传统文化和现代社会主义理念，盲目追随资本主义的生活方式、文化理念和价值观，尽管这只是个别人的行为，但这也值得我们高校思想教育工作者警觉。

## 二、高校思想政治教育对象特点

在经济高速发展的时代背景下，由于经济、政治、文化环境的迅速变化和科学技术的迅猛发展，大学生这一思想活跃、易接受新鲜事物、充满生机与活力的群体呈现出了与以往不同的特点。

### （一）受新时代社会思潮影响的大学生特点

高校聚集着一大批年轻有为、富有探究精神并朝气蓬勃的大学生，国外社会思潮的传入、国内社会变革的深入以及大学生个人成长的需求使当代大学校园成为各种社会思潮传播的集散地。当前高校思想文化领域的主流是积极健康的，马克思主义的指导地位不断巩固，中国特色社会主义理论体系深入人心。但是我们也应该清醒地认识到，依然有大量消极的社会思潮正在侵蚀着大学生的心灵，如性解放、拜金主义、享乐主义、攀比风气等等。

社会思潮对当代大学生的独特吸引力，源于大学生自身的特质以及所处的校园环境，这些因素共同塑造了他们的思想观念。作为一位朝气蓬勃的年轻人，大学生们普遍表现出对传统观念的反叛精神，敢于挑战权威和正统观念，追求刺激和挑战自我。在大学中学习生活时间较短，大学生大多缺乏实践经验，容易受到外界环境的影响。大学生的世界观尚未形成完整的模式，因此他们具有较强的接受外部事物和新鲜事物的能力，容易接受某种特定的社会思潮。

其次，大学校园和大学文化的特点也有利于社会思潮的登陆。比如大学所特有的某种批判精神，大学生活的独立性，大学校园和文化所具有的开放性、包容性等等。这些都适宜社会思潮在大学生中传播，甚至对部分大学生来说，接受或传播某种社会思潮已成为表达自己的一种方式和手段。

各类社会思潮抢滩高校校园，对大学生的影响可谓正负交织，意义重大，关键在于引导和交流。对大学生的思想政治教育既不能忽视社会思潮反映社会现象和现实，帮助大学生了解社会丰富性和复杂性的镜鉴作用；也不能忽视各种消极有害的社会思潮冲击我们现有的思想政治教育布局和成果。只有立足这样的现实，才能顺畅地与大学生开展交流与沟通，准确地掌握大学生当前的思想动态。如果偏执某一方面，势必造成教育者与被教育者之间产生交流隔阂，乃至于出现情感障碍。

**（二）由经济独立带来的大学生人格独立性特点**

哲学的根本概念在于存在，而存在方式则是指物质和精神的完美融合，通俗的解释则是指生活方式。传统计划经济时代，人们的存在方式表现为物本位的生存状态。随着非市场经济向市场经济的转变，人类的存在方式已经发生了全面的转变，马克思总结道，人类的存在方式已经从依赖于人的依附性转变为建立在物质依赖基础上的独立性存在。随着改革开放的不断深入，我国经济体制由计划经济向市场经济过渡，社会结构也随之发生变化。在社会主义市场经济的浪潮中，企业和个人的独立地位使得人们从以往的依附关系中解放出来，平等意识得到加强，主体性逐渐凸显。与此同时，社会上各种思潮也随之涌现并不断冲击着高校的思想政治教育工作，使之出现新情况、新问题。当代大学生将不可避免地受到这一现实趋势的直接或间接影响，相较于以前的同龄人，他们的主体意识得到了提升，独立意识得到了加强，自我意识得到了突显，视野更加开阔，法律意识更加强烈，同时也突破了自我认知的限制，追求前卫和个性张扬。他们对物质需求不再满足于温饱问题，而是更加注重精神上的享受，希望能够有一个舒适健康的环境放松身心。在课余时间里，许多大学生利用勤工俭学或从事兼职以赚取额外收入，以此来弥补生活上的不足。此外，合开店铺或倒买倒卖等经济行为在课堂外频繁发生，这也凸显了大学生经济自主化的趋势。经济独立是一种精神上的自我肯定和确认。然而，这种以经济独立为代价而获得的人格独立，往往未能为大学生带来如约的幸福，或者说，过度地获得不可控制的自由权利只会增加不必要的负担和痛苦。这是因为市场经济是以竞争为主要特征的商品经济，而不是单纯地依靠道德力量去约束人，它所表现出的自由放任精神和自由平等的观念必然会导致人的异化。在市场经济的背景下，引入竞争机制激发了人们的生产热情和活力，从而推动了生产力和生产关系的解放，进而带动了政治、经济和文化的全面繁荣；与此同时，市场经济体制的建立，也导致人们思想上产生强烈冲击，传统的道德观念受到挑战，价值观出现混乱。随着就业方式的多元化，人们的谋生方式和对社会、国家的依附关系都发生了改变，这不仅增强了他们的自信和自由度，同时也彻底改变了他们的思维方式——从崇高到世俗，从理想到功利。大学生作为未来社会发展的中坚力量，是最活跃的群体之一。当人们将利益视为行为、动机和效果的考虑因素时，他们会更加注重实际，逐渐淡化以往的崇高理想和价值取向，转而追求生活实际价值和个人价值的实现，这已成为大学生追求价值的主流趋势，同时也有一些学生陷入了追求眼前利益和生活享受的低层价值取向之中。

### （三）高新科技、新媒体应用引发的大学生特点

随着科技的飞速发展和网络新媒体的异军突起，人们的生活方式、沟通方式和知识获取方式正在经历着深刻的变革。随着网络技术的日益成熟，它已成为一种时尚的信息传递方式，为新人类的成长提供了新兴科技的助力，大学生必将成为时尚生活的先锋。他们拥有更多的话语权和表达自由，也更加关注网络世界。他们迅速适应了新的生活、交流和学习方式，对计算机和手机中的各种软件驾轻就熟，对网络购物、网络支付和电子商务等新兴商务方式推崇备至，并将使用 QQ、微信和微博等不断创新的交互手段作为判断时尚与否的标准。同时，互联网也逐渐成为当代大学生接触社会、了解世界、获取信息以及人际交往的主要渠道之一。当前，我国高校已经形成了相对完善的网络管理体系，校园网络媒介传播功能得到有效发挥，大学生接触到大量来自互联网的新鲜事物，这无疑是大学生思想活跃、接受能力强的重要原因之一。然而，由于缺乏必要的监管和引导，自网络媒体兴起以来，网络上充斥着质量参差不齐、暴力恐怖、色情泛滥的信息，网络文化也变得污浊不堪，因此，为了给大学生创造一个良好的沟通平台，我们必须净化网络环境。同时，大学生对网络媒介的依赖性与日俱增，网络交往范围迅速扩大，网络人际交往更加频繁，网络交往成为当代大学生日常生活不可或缺的组成部分。与此同时，随着大学生时尚生活方式的日益虚拟化，虚拟生活、虚拟世界和虚拟角色正在将他们带向虚无的深渊，许多人在虚拟世界中迷失自我，

遵循快乐原则，追求感官的刺激，导致他们越来越"宅"，缺乏面与面的对话、心与心的沟通，网络道德移位，人文关怀缺失，他们内心深处自由开放与明目张胆的性格特点被无形地放大，越轨行为频繁发生。这就要求我们必须重视并解决好大学生上网问题。呼吁网络精神家园的建设，倡导人们以积极的心态、勇于创新的精神，大力加强互联网建设，进一步推广健康向上的网络文化，使其成为传播社会主义先进文化的全新渠道，成为广大大学生精神文化生活的健康新领域。

## 第三节 高校思想政治教育的意义

爱国主义、集体主义和社会主义教育是高等学校对大学生进行思想政治教育的基本内容，教育的程度如何，直接影响大学生政治信念的树立，影响大学生的成长成才。在经济全球化的国际背景下，在我国实行市场经济体制，全面建成小康社会，构建和谐社会的环境中，高等学校如何有效地进行爱国主义、集体主义和社会主义教育，培养社会主义现代化事业的合格建设者和可靠接班人，既是一项历史任务，又是一项重要的现实课题。

思想政治教育在构建和谐校园中具有重要意义。首先，大学生的思想政治教育为构建和谐校园提供了精神支持。一个高校的健康和谐发展，离不开大学生的和谐发展，和谐校园的构建离不开大学生的参与。思想政治教育能发挥其在大学生道德提升、思想进步上的作用，促进大学生的全面发展。大学生思想政治教育突出了对"人"的教育，承载着唤醒学生主体意识、责任意识、自我完善意识的任务。在构建和谐校园的背景下，大学生思想政治教育者通过培养和谐校园所需要的高素质人才，为和谐校园的构建提供精神动力支持。其次，思想政治教育是构建和谐校园的重要保障。实践证明，思想政治教育是高校全部工作的生命线。将大学生思想政治教育确定为构建和谐校园的重要组成部分，是由和谐校园的本质所决定的。以人为本是构建和谐校园的本质。和谐校园要求大学生全面发展，这也是大学生思想政治教育的不懈追求。大学生思想政治教育在内容上很好地体现了与时俱进，新时期大学生的思想政治教育的主要目标就是实现人的全面和健康发展，以达到人的全面和谐，这与和谐校园的本质是完全一致的。

# 第四节　高校思想政治教育的不足与改进措施

## 一、高校思想政治教育存在的不足

### （一）教育主体上出现的问题

#### 1. 大学生价值取向的多样化

改革开放所带来的变革，不仅激发了人们积极的思想观念，同时也使一些消极的思想观念产生并迅速发展起来，给社会主义现代化建设带来一定程度的消极影响。随着社会经济成分、组织形式、就业方式、利益关系和分配方式的日益多元化，人们的思想活动呈现出更高的独立性、选择性、多变性和差异性，这反映在思想意识和人与人之间的关系上，容易引发自由主义、拜金主义、享乐主义和利己主义思潮。这就要求我们必须高度重视并认真研究当前高校学生中出现的新情况新问题，努力探索新形势下高校德育工作的新途径、新方法，切实加强对学生的思想道德教育。作为一个思想敏锐、个性多样的社会群体，大学生的思想状态呈现出多样化的特点。当代大学生思想的主流是健康向上的，但也存在着不少问题。特别是随着我国高等教育大众化阶段的到来，招生规模的急剧扩大以及就业方式的多元化，使得这种多元化特征变得更加显著。因此，加强对当代大学生的社会主义荣辱观教育显得尤为重要。为了引导大学生在错综复杂的社会生活中树立正确的世界观、人生观和价值观，需要付出更加不懈的努力和不懈的追求。

#### 2. 大学生思想文化的多元化

当前全球形势变幻莫测，政治格局呈现出多极化曲折的发展态势，经济全球化不断深入推进，科技创新日新月异。随着我国改革开放的深入进行，市场经济不断发展，各种社会思潮相互激荡。在当前形势下，高校所面临的挑战是如何培养出具备战略性和全局性的人才，这需要我们思考和制订相应的培养计划。作为我国意识形态领域重要组成部分的高校思想政治工作必须适应新形势、迎接新机遇、探索新思路、开辟新途径。在多元文化的背景下，如何使马克思主义在高校思想政治教育中占据主导地位，是摆在我们面前的严峻挑战。

### 3. 大学生现实生活的虚拟化

随着网络技术的迅猛发展，当代大学生已成为网民的主要群体之一，计算机和网络技术的不断进步极大地方便了他们获取最新的知识和信息。网络不仅为大学生提供了丰富多样的精神文化享受，还能提高他们的思想觉悟、增强他们的创新能力。然而，网络上的信息质量良莠不齐，互联网上的不良信息对大学生的思想产生了深远的影响。在这种情况下，高校思想政治工作者必须要加强大学生思想道德建设工作。高校学生的生活方式、学习方式、交往方式、娱乐方式，甚至是语言习惯，都在深刻地受到网络的影响，这对他们的学习、生活和思想观念产生了深远的影响。同时，在虚拟的网络空间里，大学生们容易受到各种不良思潮的侵蚀。大学生思想政治教育面临的新挑战是如何有针对性地引导他们识别网络信息，提高他们抵御虚拟世界各种引诱的能力。

### 4. 大学生心理健康问题的凸显化

现代大部分大学生都是独生子女，从小就享受着无微不至的照顾，他们大多缺少吃苦耐劳精神、独立意识、良好的个性心理品质等方面的成长与发展基础。部分大学生已经养成了懒惰、依赖和享乐的生活方式，然而，一旦进入大学，他们就会面临着来自集体生活中众多杰出人才的竞争，以及学业和就业方面的压力，这些因素都可能导致他们出现各种心理问题。如果不及时解决这些心理健康方面的问题，势必影响学生今后的健康成长，甚至导致恶性事件的发生。因此，如何引导大学生塑造健康的人格、提升其心理素养是一项至关重要的任务，需要我们高度重视。

#### （二）教育客体上出现的问题

##### 1. 在教学内容上偏重理论知识的讲授

在目前的高校思想政治教育中，四年制本科开设四门思想政治理论必修课，分别是"马克思主义基本原理""毛泽东思想、邓小平理论和'三个代表'重要思想概论""中国近现代史纲要"和"思想道德修养与法律基础"。另外，开设"当代世界经济与政治"等选修课。

（1）"马克思主义基本原理"，着重讲授马克思主义的世界观和方法论，帮助学生从整体上把握马克思主义，正确认识人类社会发展的基本规律。

（2）"毛泽东思想、邓小平理论和'三个代表'重要思想概论"，着重讲授中国共产党把马克思主义基本原理与中国实际相结合的历史进程，充分反映马克思主义中国化的三大理论成果，帮助学生系统掌握毛泽东思想、邓小平理论和"三个代表"重要思想基本原理，坚定在党的领导下走中国特色社会主义道路的理想信念。

（3）"中国近现代史纲要"，主要讲授中国近代以来抵御外来侵略、争取民族独立、推翻反动统治和实现人民解放的历史，帮助学生了解国史、国情，深刻领会历史和人民是怎样选择了马克思主义，选择了中国共产党，选择了社会主义道路。

（4）"思想道德修养与法律基础"，主要进行社会主义道德教育和法制教育，帮助学生增强社会主义法治观念，提高思想道德素质，解决成长成才过程中遇到的实际问题。

四门思想政治理论课课程分别承担着马克思主义理论教育的不同内容和任务，在正确教育引导学生成长成才中不同课程具有不同的侧重点。在具体实施过程中，应针对各学校办学实际、学生思想实际和地方实际，选择、调整和更新教学内容，以增强教学的实效性。然而，现实中很多思想政治课教师照本宣科，未能将国家的人才培养目标和本校的人才培养目标有效地结合起来，注重理论的讲授而忽略了对学生能力的培养。

2. 在教学方法上缺少与实践的结合

思想政治理论课仍是以课堂教学为主，虽然改变了过去的"填鸭式"教学方法，注意突出学生的主体地位，但在实际教学中仍有很多教师，试图以自己习惯使用的灌输说教方式来达成预期的教学目标，这使得思想政治理论课教学止步于书本知识，缺乏对实践的指导。具体表现为：思想政治理论课教学基本上是在课堂上完成的，几乎没有涉及实践应用的环节，没有与学生的生活实际相结合，没有实现课堂内、外的互动；大多数教师只是讲授理论知识，没有组织学生走进社会、深入群众，将所学知识应用于实践；只是让学生从书本中学习理论知识，而没有让学生去实践中学习体会理论知识的精髓所在。如此，必然使思想政治理论课教学失去说服力，从而使学生对于知识的把握流于表面，不能付诸实践。

思想政治理论课是一门"知行合一"的课程，除了对知识和理论的把握以外，对实践能力的培养同样重要。尤其是在很多学生对于老师喋喋不休的说教方式产生了逆反心理，感到厌烦和抗拒之时，此时的说教非但起不到教育的作用，甚至会把学生推到网络世界中去寻找心中的答案。面对当前大学生中出现的新情况、新问题，要做好学生的思想政治工作必须要深入研究大学生的思想状况，加强和改进思想政治工作的方式、方法。马克思在《1844 年经济学哲学手稿》中指出："人类的特性恰恰就是自由的自觉的活动。"这就是说对于教育者而言在强调施教者作用的同时，还应高度重视受教者的主体地位，充分了解和尊重受教者的内心需求，尽可能地发挥他们的积极性和主动性，促使其能动、自发地进行思想、观念、感情和兴趣等的内心交流。新媒体为人们提供了平台，因而思想政治教师一定要根据学生和社会形势的变化探索教育的新途径、新方法。

3. 在教学环节上重视理论教学轻视实践教学

更新教学内容、创新教学方法的目的是激发学生的学习兴趣，提高学生的理论水平和道德修养。但这些理论和知识是否能内化为学生的信念从而指导其行动，是否能很好地实现理论和实践的结合，关键是要通过思想政治理论课中实践这个中介和桥梁来检验。应该积极探索和建立社会实践与专业学习相结合、与社会服务相结合、与勤工助学相结合、与择业就业相结合、与创新创业相结合的管理体制。认真组织大学生参加军事训练、社会调查、生产劳动、志愿服务、公益活动、科技发明和勤工助学等实践活动，使大学生在社会实践活动中受教育、长才干、做贡献，增强社会责任感。在具体实施过程中由于经费、实践课时、场所和时间等的限制，很多高校的实践教学还是流于形式，参与面和覆盖面都不广，深度也不够。因此，如何实现"走出去"，引导大学生走出校园、深入社会，使他们在实践的大课堂中了解国情、民意，正确把握社会现象、社会发展的本质和主流，推进社会实践活动与专业学习相结合，与服务社会相结合，与创新创业实践相结合的管理体制；如何实现"请进来"，从校外聘请专家、学者、企业管理人员和生产一线的工作人员，进入校园结合学生的专业和企业社会发展趋势进行专业教学或专题讲座，是一个复杂但值得探索的问题。

4. 思想道德教育在工作机制上尚存缺陷

尽管多年来高校一直致力于推进大学生思想道德建设，然而高校大学生思想道德教育的工作机制仍存有一些缺陷。该现象主要表现为：一方面，德育的培养模式与德育的形成规律出现了断裂，导致过分强调德育知识的灌输，而忽视了道德实践活动的重要性。其次，道德教育和智力教育之间存在着明显的断层，它们属于不同的系统，且教学与培养之间存在明显的分离。德育在学生思想政治教育中处于从属地位。再次，大学生的思想道德教育在高校、社会和家庭中缺乏协同作用，导致校园文化和社会文化之间出现了断裂现象，甚至出现了严重的脱节现象；学校管理和教师自身也没有很好地把握德育工作方向。科学精神和人文精神的教育应当相辅相成，不能简单地将二者混为一谈。这就造成了当前部分大学生道德意识淡薄，诚信缺失，价值取向扭曲等一系列不良倾向和后果。最后，在高校学生思想政治教育工作中，缺乏具有灵活性的机制，导致学生的个性发展受到抑制，教育方式落后于社会发展，容易引发学生的反感情绪。高校急需探索创新的机制，以提升大学生思想道德教育的针对性和实效性。

5. 教育载体存在滞后性

传统高校思想政治教育的载体主要包括课堂教学、实践活动、校园文化、社团活动和班会等，这在当时的社会背景下对于保证思想政治教育课的教学效果起到了重要的作用。

但是随着新媒体技术的发展，几乎所有大学生都如鱼得水般地融入了这个新技术环境中，导致大学生对于传统的教育载体认同度不高。具体表现为：思想政治理论课上很多学生是"身在曹营心在汉"，课上很多时间都在网上冲浪；还有一些学生认为参加社团活动就是浪费时间，不如登录校园论坛发发牢骚、吐吐槽；课余时间参加社会实践的学生有所减少，在网上聊天的学生越来越多。许多高校已经意识到了这个情况也开始尝试采用新媒体形式开展思想政治教育工作，例如，开设思想政治教育主题论坛，创建思想政治教育网站平台，开发和利用移动互联平台等。虽然这些新的载体对于提高思想政治教育课的教学效果起到了一定的作用，但实际上是"换汤不换药"，虽然利用了新的媒体形式，但内容还是传统的内容、说教还是传统的说教，这便直接导致了思想政治教育的载体实际上没能充分满足大学生的需要，这在一定程度上弱化了当代大学生思想政治教育的实际效果。

## 二、完善高校学生思想政治教育的改进措施

### （一）坚持"以学生为本"的教育工作理念

在当前形势下，高校学生思想政治教育的展开应当紧密围绕人才培养目标，坚持以学生为核心，突显学生在思想政治教育中的主导地位，秉持"以学生为中心，德育为先"的教育理念，真正实现"以学生为中心"的目标。这就需要我们将大学生的全面成长作为出发点与落脚点，通过创新理念、丰富内容、改进方法等途径，使思想政治教育更具实效性和针对性。只有通过开展思想政治教育，高校才能为学生的健康成长和人生发展提供更多的指导和帮助，激发学生在思想政治教育中的主动性和积极性，从而实现学生从被动接受到主动学习的积极转变。

### （二）加强思想政治教育组织队伍建设

随着高校在校学生数量的不断攀升，思想政治教育工作的任务日益繁重，因此，加强高校思想政治教育的组织队伍建设，提升教育工作者的综合素质，已成为当务之急。首先，学校应当拟订全面的教育培训计划，以促使教育工作者及时转变教育观念，完善知识结构，丰富思想政治教育的手段和方法，拓展教育的渠道和路径，从而不断提升教育工作者的工作能力。此外，还需要建立科学有效的评价机制来检验教育者开展思想政治教育工作所取得的效果。其次，学校应加强辅导员队伍的建设，进一步发挥辅导员在学生思想政治教育工作中的职能和作用，以提升学生的思想境界。再次，学校应注重对大学生开展心理健康教育，帮助他们树立正确的人生观、价值观以及世界观。由于辅导员在日常生活中与学生建立了紧密的联系，其教学任务相对较轻。此外，辅导员的年龄与大学生相近，这有助于他们更好地了解大学生的思想动态和心智变化规律。因此，加强辅导员队伍建设，将有助于提高高校思想政治教育工作的针对性和有效性。

### （三）紧密结合学生生活实际和个性化需求

随着大学生思想价值观念的日益多元化和个性化发展需求的不断增长，高校学生思想政治教育工作必须摆脱传统的"填鸭式"和"一刀切"的教育模式，积极探索理论教学和实践教育的有机结合，深入学生的生活和实际，注重以服务为

中心的工作基础，提升大学生的心理素质，帮助他们树立正确的人生观、世界观、价值观和人生发展目标。因此，在当前高校的管理中，要充分关注对当代大学生思想价值观念引导问题。此外，教育工作者应当高度重视部分学生的个性化需求，以确保他们的价值观念和思想动态在正确的轨道上不断发展，从而提高他们自我管理和自我控制的能力。

**（四）充分利用网络等现代化教育手段和方法**

为了提升高校学生思想政治教育工作的时代性和先进性，以及提高思想政治教育的效果，教育工作者必须不断探索和拓展思想政治教育的手段和方法，以实现更高水平的发展。其中，在新媒体技术迅猛发展的今天，各种新兴的教育方式被广泛应用于高校思政教育领域。运用网络技术手段，不仅能够提升课堂教育的艺术性和有效性，激发学生的学习主动性，同时也能够有效缩短师生之间的距离，为师生之间的交流和沟通提供了一个优质的平台。在这种情况下，通过利用互联网技术，教师就能够更加方便地掌握学生的思想动态，并及时做出相应调整，使之更好地适应新时期学生思想特点。高校学生思想政治教育工作的层次和影响力可以通过多种教育形式得到更加丰富的提升。

在当今知识经济的背景下，随着高校学生思想政治教育工作环境的演变，高校思想政治工作者应当勇于突破传统教育模式和教育思维的束缚，勇于创新和发展传统的教育方式和手段，确立正确的工作目标，紧密结合大学生的实际生活和现实需求，提高思想政治教育的针对性和实效性，增强当代大学生的综合素质，为我国社会主义现代化建设培养更多高素质的人才。

# 第二章　高校思想政治教育教学方式

本章主要从三个方面进行阐述，分别是教学方法理论基础、高校思想政治教育的教学理念与方式、高校思想政治教育教学方式的创新。

## 第一节　教学方法理论基础

教学方法有其深刻的理论基础，包括关于人的认知因素和非认知因素发展规律的理论以及人的学习规律的理论。关于人的学习动机和学习机制的理论是教学方法的理论基础。

### 一、行为主义学习理论

#### （一）学习的两种机制

在行为主义看来，当环境刺激使学生的反应发生相对持久和可观察的变化时，学习就发生了。在这里，学习是一个"刺激—反应"的过程。刺激是指可观察到的环境事件，反应则是指学习者的外显行为。行为主义学习理论认为，人之所以会产生学习反应，主要是因为学习的两种机制。

一种机制是经典条件作用，即由于条件刺激与无条件刺激反复同时呈现，条件刺激也能够引起相应的条件反射。巴甫洛夫在实验中将肉末（无条件刺激）和铃声（条件刺激）同时呈现，狗逐渐学会了将它们联系起来，于是铃声也能引起狗的反应。这个原理可以解释学生的情绪反应和态度。例如，某学生在高中时期因为看政治理论方面的书籍受到了老师称赞，他感到很高兴，于是在大学时期看到课表上出现思想政治理论课的名称时，他也会感到高兴；再如，某学生上学期学习了一门思想政治理论课，成绩不理想，因此他的心情比较糟糕，当他听说这个学期要学习另一门思想政治理论课时，他就会感到紧张和不适。这种先于某种行为或情绪反应的刺激称为前因。前因作为一种条件刺激，能够引起一系列相关的反应。因此，创设积极有效的前因，是一门重要的教学艺术。

另一种机制是操作条件作用，即学生的某个特定行为引起的特定结果，会使该行为更可能发生或更不可能发生。例如，某学生学习很勤奋，若得到教师的赞许，那么这个学生会更加勤奋；某学生每次上课都能按时到教室，教师表扬他，那么该学生今后会坚持按时到教室。斯金纳和桑代克发现，行为根据紧随的结果而发生变化，愉快的结果加强行为，不愉快的结果减弱行为。换言之，愉快的结果增加了个体做出某种行为的频率，而不愉快的结果降低了该行为出现的频率。也就是说，行为之后产生的结果，会作为一种刺激对该行为产生影响，这就是操作条件的作用。任何能增加行为频率的环境事件都是强化物，社会性强化物如教师的表扬与赞许、认可与期待、微笑与关注，对学生的学习行为都具有强化作用。

### （二）强化、惩罚与学习

根据行为反应之后出现的结果对该行为产生的影响，行为主义学习理论分为四种不同的结果：正强化、负强化、给予惩罚和移除惩罚。通俗地说，正强化是学习者的某个行为发生之后产生了学习者认为有价值的或令其满意的结果，它会使该行为更有可能再次发生。例如，学生按时交作业，受到了教师的表扬，"按时交作业"这个行为产生了"受表扬"这个令他满意的结果，导致他会更加按时交作业。因此，教师对该行为的表扬增加了该行为再次发生的频率，这就是正强化。负强化是学习者的某个行为发生之后能够避免或逃避学习者觉得不愉快的事情，它也能使该行为更有可能再次发生。例如，学生发现如果按时交作业，就不会被教师责备，那么他就会更有可能按时交作业，这样可以避免被责备。教师没有责备学生，这对于学生按时交作业的行为而言就是一种负强化。给予惩罚是某个行为发生之后产生了学习者认为不愉快或不喜欢的结果，它会使该行为再次发生的可能性降低。例如，学生没有交作业，所以受到教师批评，学生不交作业的频率会降低。因此，教师的批评就是给予惩罚。移除惩罚是某个行为发生之后，学习者所看重的某种有价值的东西被剥夺，它也会使该行为再次发生的可能性降低。例如，学生没有交作业，教师不允许他使用手机，教师剥夺了学生使用手机的权利，这就是移除惩罚。更通俗地讲，正强化是行为之后给予学生喜欢的东西；负强化是行为之后消除学生不喜欢的东西；给予惩罚是行为之后给予学生不喜欢的东西；移除惩罚是行为之后剥夺学生喜欢的东西。前两类结果能够增加行为再次发生的可能性，后两类结果能够减少行为再次发生的可能性。

### （三）行为主义学习理论对教学的意义

第一，行为主义学习理论对教学的意义，表现在它为程序教学法奠定了比较坚实的理论基础。程序教学法所遵循的小步子原则、及时强化原则等，都是基于行为主义学习理论。

第二，行为主义学习理论对教学的意义，表现在它为行为塑造和课堂管理提供了一种具体策略。教师通过合理运用强化和惩罚，可以有效地在学生身上塑造出他所希望的行为，消除他所不希望的行为，从而增强行为塑造和课堂管理的有效性。要发挥行为主义学习理论对教学的意义一是必须及时，以便在行为与结果之间建立有效的联系。二是必须具体，要让学生明确知道为什么受到强化或惩罚，以便精确地塑造或消除学生的某种行为。三是强化或惩罚必须发自内心，避免假意虚伪。四是要善于选择对大学生而言有效的强化物，适当辅之以非言语的正强化物。五是公开表扬和私下表扬相结合，考虑和避免公开表扬可能会给学生带来的惩罚性影响。

## 二、信息加工理论

信息加工理论是认知学习理论众多分支中的重要一支。信息加工理论把学习理解为有意识的信息加工过程，即"获取信息—加工信息—提取信息"的过程。

### （一）知识的表征方式

认知心理学家认为，人脑以不同的方式来表征不同的信息。信息在人脑中被表征的方式就是知识表征类型。认知心理学家所说的知识表征类型，是指人在自己的工作记忆和长时记忆中对信息的表示方式。知识按照表征方式，可以分为陈述性知识和程序性知识。陈述性知识是能够被人陈述和表述的事实、概念、命题等知识，其基本知识单元是知识组块，主要的表征方式有言语表征、心理表象表征等。程序性知识则是关于怎样做的知识，涉及心智技能和认知策略，其基本单元是"产生式"，即"如果—那么"的心智操作程序。陈述性知识可以被组织为图式，即一种具有内在联系的知识结构或知识网络；程序性知识可以被组织为复杂的产生式系统。思想政治理论的知识大都是陈述性知识，如概念、命题、原理等，也包含复杂的程序性知识，如知识间的联系与区别、运用知识和原理分析问题等。

认知图式和产生式系统深刻影响着学生的学习过程。第一，学生是否善于以时间序列（标志事件发生的次序）、表象（标志客体间的空间关系）以及命题（标志词语、观念及概念之间的有意义的联系）等方式，对知识组块进行心智操作，并形成认知图式，这在根本上影响了学生的学习效果。第二，学生已经形成的知识结构，是他们学习新知识的背景和"构架"，也就是说，学生对新知识的理解是以他们原有的知识背景为基础的。心理学家巴特莱特做过一项关于检验大学生记忆效果的实验：首先让大学生们阅读一篇文章，然后以逐渐增加时间间隔的方式加以回忆。实验结果表明，如果被试者没有或缺乏相关的图式（知识背景和知识结构），那么，他们倾向于记住其中一部分而忘记另一部分，或添加一些文章中没有的信息。总之，被试者往往根据某种熟悉的图式来理解故事情节，并且倾向于通过某种加工（遗漏或添加信息）从而使阅读材料富有意义。这就要求教师要善于根据学生的知识背景和已有的知识结构展开教学。第三，学生的知识结构不仅影响新知识的学习，还影响他们的个人习惯、价值观和信念结构。

认知图式和产生式系统也深刻影响着教师的教学效果。教师的有效教学需要具备专业知识和教学理论（陈述性知识），也需要组织知识和运用教学理论的知识（程序性知识）。不仅如此，教师还要指导学生有效地形成知识网络，有效地形成和运用学习策略，这些在一定意义上比传授知识本身更重要。

**（二）信息加工的基本过程**

人的信息加工是从感觉到注意，再到知觉和记忆的复杂循环系统，具有复杂的信息编码、编辑和提取等加工机制。

人的信息加工过程从选择性知觉开始，这是信息加工过程的第一个阶段，这个阶段包括注意和知觉两个环节。人在每个瞬间都会接触到大量的信息，其中并非所有的信息都被人注意和知觉。在实际的认知过程中，人首先对感官所感知到的信息进行识别，其中一部分信息被注意和知觉。哪些信息引起了人的注意，哪些信息没有引起人的注意，取决于人们对这些信息的价值识别，这就是选择性知觉。在注意的过程中，外界事件容易使人的注意自发转移，这称为"朝向反射"；引起人的注意自发转移的事件，称为"朝向刺激"。在教学过程中，教师首先要通过强调学习内容的价值、适度重复、变换语气语调和语言节奏等方式，努力使传授的信息引起学生注意，并使学生保持注意。学生将他所注意到的知识信息做出何种的意义确认，取决于刺激情境以及学生的知识背景。同一个知识信息，在不同的刺激情境中呈现，学生对它意义的知觉是不同的。教师要仔细思考知识的呈现方式，以促进学生对知识意义产生正确知觉。

人的信息加工过程的第二个阶段是工作记忆，它和"思考"的过程类似。人知觉到新信息以后，利用从知识结构里提取出来的相应知识对它加以分析和表征，这样我们就学习了新知识。人的工作记忆有两个很重要的特征：一个是工作记忆对信息的持续时间长短可变，只有那些被知觉为重要的信息才能维持激活状态，并被有效编码和表征；另一个特征是工作记忆的容量有限，大约是"$7 \pm 2$"个信息组块。这两个特征要求教师在教学中要做到以下几个方面：第一，对于核心知识，教师要有意识地强调，尤其要强调知识的意义和价值，以便促进它在工作记忆中的激活与编码；第二，合理调节教学节奏和教学信息量，避免工作记忆超负荷；第三，帮助学生将个别知识进行连接以形成知识组块，并学会有效的程序性知识表征方式。总之，教师只有对工作记忆的局限性保持一定的敏感性，才能帮助学生优化自己的工作记忆能力，从而提高学生的学习效果。

人的信息加工过程的第三个阶段是长时记忆。知识被编码或编辑后储存于长时记忆中，长时记忆是人的知识的储存地。信息加工理论揭示了优化长时记忆的三个重要策略。

第一，主动学习与精细加工。主动学习与被动学习有很大区别。在主动学习的过程中，学习者有意识地调整自身的注意力、知觉和记忆活动，积极地对知识进行编码，探寻知识的意义，并对知识进行精细加工。精细加工，是指对所要学习的知识进行深度思维加工，包括补充、重组、回忆、概括、深思、推理以及理解材料的意义等。主动学习与精细加工是有效学习的重要机制。

第二，在有助于正迁移的情境中学习。学习的迁移是指一种学习对另一种学习的影响。例如，如果学习者遇到的问题与已经解决的问题类似，那么学习者就可能回忆起原先学习过的问题的解决策略，并将其运用到新的问题情境中，这就是之前学习对现有学习产生了积极影响或正迁移。实际上，这是学习者在长时记忆中提取相关知识，用以解决新问题的过程。依据不同的标准，迁移可以划分为不同类型。根据迁移的性质，可分为正迁移、负迁移、零度或不肯定迁移；根据迁移的方向，可分为顺向迁移和逆向迁移；根据迁移的内容，可分为一般迁移（原理和态度的迁移）、特殊迁移（具体知识和技能的迁移）。有效教学的一个重要条件是构建有助于正迁移的学习情境。在有助于正迁移的情境中学习，不仅能够提高学习者的学习效率，而且有助于学习者对学习内容的理解以及长时记忆的提取。

第三，构建元认知。元认知是对认知的认知，包括对自身学习的信息加工过程的了解，以及设定目标、自我调控、选择学习策略等心智操作。元认知作为一种程序性知识储存于长时记忆中。它是人的学习策略，对于提升人的学习效果具有重要意义。

### （三）信息加工学习理论的教学法意义

信息加工学习理论将学习过程理解为信息识别、信息编码、信息储存、信息提取等过程，其教学法意义主要体现在以下几方面。

信息加工学习理论揭示了知识的类型及其表征方式，启示教师必须高度重视知识表征的类型。从认知学习理论的观点看，人们对不同知识表征的方式是不同的。优秀的教师高度重视知识的表征类型，并由此选择和运用有效的教学方法。促使教师在教学过程中的某一环节改变教学方法的原因有很多，包括激发学生的学习动机，注意到学生原有的知识背景等，但在当今的认知心理学家看来，其中最主要的原因是教师关注他所要传授的知识表征类型。

信息加工学习理论揭示了知识在头脑中编码和加工的基本阶段，启示教师必须有意识地激发并维持有意注意并选择性知觉。教师在教学中可通过变换刺激的方式（如强调、提示、停顿、变换节奏和语音语速等）来引起有意注意，消除朝向反射；教师在讲课的同时，要观察学生的注意和知觉状态，并根据实际状态采取相应的调节策略，切不可不顾学生的反应，自说自话地讲课。

信息加工学习理论揭示了人在学习中工作记忆的一系列规律，启示教师必须根据工作记忆的时效性和有限性原理，保持合理的教学节奏和保证教学信息量。教学节奏不能太快，也不能太慢，要以学生有效知觉和编码为基本尺度。教学要有一定的信息量，但也不能产生记忆超载，尤其要避免碎片化的、杂乱无序的信息刺激。教师要善于引导学生建立知识之间的联系，以形成知识组块，从而增加教学的有效信息量。

信息加工学习理论对教学的意义，表现在它提出了人在学习中优化长时记忆的一系列策略，这些策略对于教学本身具有重要启示作用。

首先，教师必须善于结合学生已有的知识背景组织教学，使新知识与学生已有的知识有效联系，从而促进学生形成知识结构。教师必须了解学生生活空间的区域或部分之间的关系，并确定存在于他的生活空间边界内、边界上及边界外各个因素的特性。此外，教师必须了解学生生活空间的不同区域边界的可渗透程度。这种可渗透性指的是怎样使学生接受改变。教师应把教学集中在对现实的、具体的，或想象的极端水平上，以便学生能把教师的态度和思想看成他们各自生活空间的一部分或区域。这样的教学不仅有助于引起学生的积极知觉，而且有助于扩展学生的心理空间。

其次，教师必须为学生的精细加工创设环境，增强认知编码的有效性，促进学生有意义学习。有意义学习包含了对新信息和存储在长时记忆中的信息之间关系的认识，体现为学习者把新信息与他们已有知识相联系的认知过程。而形成有意义学习的主要形式是"精细加工"，包括组织和视觉表象，组织是指以一个有逻辑的结构整理新知识，视觉表象是指形成对事物或概念的心理图像。基于此，奥姆罗德提出了促进有效教学的若干策略：吸引和保持学生的注意力；把新概念和学生已有的知识和经验联系起来；顺应学生知识背景的多样性，提供给学生能建构的经验基础；鼓励有效的长时记忆存储；呈现可以鼓励精细加工的问题和任务；展示新概念是如何相互联系的，积极促进视觉表象；给学生思考的时间；提供给学生大量机会练习重要的知识；给予学生重建他们所学知识的建议；定期评估学生的学习和认识情况；关注对有意义学习而非机械学习的评估。这些策略涉及认知、记忆、提取、认知策略等方面，对有效提升教学质量具有重要意义。

再次，教师必须帮助学生形成知识图式。在认知加工理论看来，促进图式形成的方式主要有：为人的工作记忆提供支持；选择概念或范畴的适当样例；鼓励学生在形成范畴的图式时，自己找到或提出该范畴的正确样例，呈现图式的正反例证，选择匹配的反例。为了促进图式的形成，教师应该让学生考察在无关特征方面不同的正例，以防止学生将某些无关的特征当作图式本身的组成部分。为了促进图式的改进，教师应该让学生在考察正例之后，紧接着考察反例或匹配的反例，以便通过正反例证的比较，进一步深化对图式关键特征或关键属性的了解。

最后，教师要善于促进学习迁移以及帮助学生发展认知策略和元认知策略。教师要根据学习迁移的原理，增强知识呈现的情境与学生社会生活中实际情境的相似度，从而促进正迁移。教师要预期他们在课堂上教授的知识可能会在哪些情况下使用，然后运用这些知识来设计学习活动，提供预期会使用的相类似情境。另外，教师还必须帮助学生发展认知策略和元认知策略。认知策略和元认知策略作为一种思维习惯，包括记忆策略、思维策略、批判性思维策略、精细加工策略等，它们对认知过程具有重要的激发和调节作用。

以记忆策略为例，教师应该帮助学生培养以下重要的记忆策略。（1）以理解促进记忆，当学习达到透彻领悟知识程度，特别是达到概括性领悟或理解知识的程度，会变成人个性结构的一个持久的部分。（2）以强烈的学习愿望和学习心向来促进记忆。学生认为是否有理由记住某个原理，以及自己认同什么观点，很大程度上会影响记忆的品质。（3）以积极的学习方式促进记忆，"艾宾浩斯遗忘曲线"表明，及时复习、间隔复习对于促进记忆具有重要意义。除记忆策略外，教师在教学中还要有意识地帮助学生培养良好的思维策略、批判性思维策略以及精细加工策略等。

### 三、建构主义理论

建构主义认为，人的学习不是一个"刺激—反应联结"的过程，而是人在与环境的相互作用过程中主动的意义建构。

#### （一）学习在本质上是主动建构的过程和结果

人通过学习获得知识，形成思想，但知识并非只是对经验做简单的复制，相反，它是将环境中的信息转变为与原有图式相吻合的知识而得以建构的。当代认知建构主义理论认为，学习过程是学习者原有的认知结构与从环境中接受的感觉信息相互作用，主动建构信息意义的过程。学习是学习者主动建构意义的过程，它一方面是对新信息意义的建构，同时也包含对原有经验的改造和重组。真正的学习不是被动地从环境中接受和记忆知识，而是学习者主动地建构知识。建构意味着学习者对信息意义的理解，意味着主动地把新知识与原有知识联系起来，意味着对原有知识结构的动态重构。因此，只有主动建构的知识，才能成为人的认知结构的有机部分。

一些学者认为，人之所以能够主动建构，是因为人具有与生俱来的认知机能和自我调节的能力。人具有组织机能，它使我们自觉地将从环境中得到的信息组织成为更有结构的精致图式；人具有适应机能，它使我们不断地调整和修正自身的认知结构以保持同环境的适应性；人具有动作的、形象的和符号的多样化的表征系统，它使我们能够对环境信息进行有效地加工和编码；人具有自我调节的能力，它使我们具有认识和理解世界的内在动机以及实现对学习建构过程的自我调节。因此，从某种意义上说，教学的核心在于创设一种教育环境来激发和优化学生与生俱来的认知机能和自我调节的能力。

### （二）建构过程的机制

人主动建构的过程具有复杂的机制，主要有同化和顺应、学习迁移、知识整合和情境适应等。

第一，同化和顺应。同化和顺应是建构的基本机制。同化，是指新知识与学生原有的知识结构和信念系统一致时，学生用自己原有的观念来理解新知识或新现象，把外部环境中的有关信息吸收并整合到原有认知结构中的过程。同化有助于巩固和扩展学生原有的知识结构和信念系统。顺应，则是指新知识与学生原有的知识结构和信念系统不一致时，学生对自己的知识结构和信念系统进行重组或改组的过程。

影响同化的重要因素是人认知结构的特征。认知结构的特征是指学生学习新知识时，其原有认知结构中的相关观念在内容和组织方面的特征，包括可利用性、可辨别性和稳定性等。认知结构的可利用性是指学生的认知结构中所具有的能够用来同化新知识的现有知识的水平——现有知识的概括性水平越高，包容范围越广，越有助于同化新知识。认知结构的可辨别性是指学生原有知识的组织性及其对新旧知识间异同的辨识性水平——原有知识的组织层次越明晰，组织方式越严密，越有助于对新旧知识的辨识和成为同化新知识的支点。认知结构的稳定性则是指学生用来同化新知识的原有知识的牢固程度——原有的认知结构越牢固，越有助于促进新知识的学习。

相对于同化而言，顺应往往是很困难的，因为它涉及改变和修正原有的观念系统。但顺应是学生知识结构"质"的变化的重要机制。著名教育家波斯纳在皮亚杰的同化理论和美国著名哲学家库恩范式理论的基础上，提出了顺应机制的四个条件：（1）学习者知识结构中的原有观念不能解释新事情或不能解决新问题时，学习者对原有的观念产生不满；（2）新观念是可理解的，学生明白新观念的含义，理解其意义并发现有效表征它的方式；（3）学习者认为新观念是合理的，是正确的和科学的，并能与学习者所认同的其他观念相一致；（4）新观念富有成效，不仅具有可理解性和合理性，而且能够解释和解决其他观念所不能解释和解决的现象与问题。

第二，学习迁移。学生在主动建构时的另一种重要建构机制是迁移。几乎各流派心理学家都对学习迁移做了大量研究，提出了一些重要观点。代表性的观点有以下几种：美国心理学家桑代克的"相同要素说"或美国心理学家伍德沃斯的"共同成分说"认为，原先的学习情境与新的情境具有相同要素或共同成分，原先的学习更可能在新的学习中产生迁移。或者说，当学习者面临的学习情境与原先的某个学习情境相同时，他更多地倾向于用原先学习的知识和学习策略来处理当前的学习情境。美国心理学家贾德的"概括说"认为，学习迁移的关键不在于学习情境的相似性，而在于学习者对原有知识经验有较好的概括，并通过概括获得了一般原理，概括性强的知识和原理更有可能迁移到新的学习中。美国教育心理学家布鲁纳和奥苏贝尔的"认知结构迁移说"则认为，迁移的关键条件是学生较好地掌握了学科的基本结构，领会了基本原理，而且原有知识结构具有较高的可利用性、可辨别性、稳定性与清晰性等特征。

第三，知识整合。人在同环境相互作用中主动建构的第三个机制是知识整合。建构主义理论强调学生在学习中主动地对学科内和跨学科的知识予以整合，强调理解原理和概念的方法，强调对自身知识性质的反思，强调解决问题和批判性思维所涉及的知识类型。拜尔提出十种批判性思维技能，并把它作为知识整合的必要"构件"，这些批判性思维技能是：（1）区分哪些是可证明的事实，哪些是价值主张；（2）区分相关信息与无关信息，区分各种主张及其原因；（3）确定某一论点的事实准确性；（4）确定某一信息来源的可靠性；（5）识别含糊不清的主张或观点；（6）识别未说出的假设；（7）察觉偏见；（8）识别逻辑上的谬误；（9）识别推理过程中逻辑上的不一致；（10）确定一种论点或主张的说服力。

第四，情境适应。人在同环境的相互作用中主动建构的第四个机制是情境适应。情境适应是知识的社会建构，即学生在社会情境中通过人际互动实现与群体的一致性。学生在一定情境的人际互动中，相互交流，相互理解，获得成为某一群体成员所需要的知识、观念、价值观、信念以及相应的行为方式。这个过程也是一种文化适应过程。促进情境适应或文化适应的主要教学方式有合作学习、小组讨论式学习等。

### （三）建构主义学习理论对教学的意义

第一，建构主义学习理论对教学的意义，表现在它揭示了人的学习建构本质，启示教师要积极创设能促进学生主动建构的课堂环境。环境指人生存于其中，人的行为与心理所涉及的、与之相互作用并对人的发展产生影响的外部世界。课堂环境是课堂物理因素、心理因素和文化因素的总和，是人发展的现实根基与资源，也是促使学生主动建构的重要条件。杜威指出，"环境""生活环境"这些词，不仅表示与个人生活相关的周围事物，还表示这些事物与个人的主观趋向持续不断的特殊关联。一个人的活动随着事物的变化而变化，那么这些事物就是真环境。也就是说，学生的课堂环境是与他们持续相互作用，对他们产生影响的各种因素的总和。与客观的、现在的社会环境不同，课堂环境主要是教师的教学行为所创设并在教师的教学行为中显现的。课堂中教师与学生的关系、学生与学生的关系、教师对知识的态度、学生对学习的态度等，都是学生最真实的课堂环境。不同的课堂环境对学生有完全不同的影响。环境包括促成或阻碍、刺激或抑制生物特有活动的种种条件。在这个意义上，教学就是有意识地创设一种课堂环境，以促使学生主动建构。教育就是这种有意识地选择、设计、组织、控制传递人类经验的特殊环境，是一种有指导的旨在促进人发展的特殊活动。意图明确的教育环境是经过专门选择的，这种环境使用的材料和方法，会使所带来的成长朝着令人满意的方面发展。在建构主义看来，创设有助于学生主动学习和主动建构的课堂环境，是全部教学活动的根本，也是全部教学方法的根本。

第二，建构主义学习理论对教学的意义，表现在它揭示了建构在本质上是学生的心智活动和情感活动的过程，启示教师要深入组织以促进学生建构为指向的课堂活动。课堂活动包括师生间的活动、学生间的活动、学生内部的心智活动和情感活动等。课堂活动的对象是知识、价值与信念体系。课堂活动的过程就是学生主动建构的过程。杜威也表示，所谓有效学习是指知识的获得是进行有目的活动的结果，而不是应付学校功课的结果。讲得更具体点就是，游戏和工作完全是与第一阶段的知识特征相对应的。课堂活动之所以重要，是因为正是在活动中通过感知、注意、理解、想象、思维、认同和反思等思维操作，学生才能主动地产生同化或顺应，从而建构自己的知识结构、价值信念和生活方式，形成自己的生活空间。所以，针对大学生的课堂活动必须符合大学生的特点。

第三，建构主义学习理论对教学的意义，表现在它揭示了学习动机和心向是学生主动建构的重要前提，启示教师要增强学生学习动机，激发学生学习心向。教师应根据大学生注意和知觉的特点，着重通过以下方式来增强学生的学习动机和学习心向：强调教学内容的重要价值并努力使学生理解其价值，以激发学生的学习心理；使教学任务具有适度的挑战性，努力让学生体验到完成具有适度挑战性学习任务时获得的成功感；使学生领悟和理解教师所提出的课程目标并转化为自己的目标。如果学生深刻地认识到学科内容在完成某种经验中所处的地位，他的学习目的就会达到。反之，如果学习内容没有被用来引发学习冲动和养成通过思考获得有意义结果的习惯，那么这种学科内容就只不过是专供学习的材料而已，学生只会认为它是必须学习的材料。布鲁纳强调学习的内在动机，并指出了激发内在动机的重要源泉：（1）从加快了的认识和理解中获得的满足；（2）发挥个人的全部心理能力的迫切要求；（3）正在发展的兴趣；（4）从个人和其他人的一致中获得的满足；（5）从个人在认知或智力方面的优势中得到的愉快；（6）对个人能力和成就的肯定；（7）相互联系的发展，包括人类对其他人的反应，以及同他们为达到某个目标而共同操作的迫切需要。

第四，建构主义学习理论对教学的意义，表现在它提出了一系列促进认知顺应的教学策略。除美国心理学家波斯纳提出的顺应机制的四个条件以外，美国著名学者纳斯鲍姆和诺维克提出了促进认知顺应的三步教学策略：（1）通过谈话、提问、作业等方式，揭示学生原有的教学观念；（2）通过呈现新材料、讨论、对话等方式，引进与前教学观念相冲突的新观念，引发学生的认知冲突；（3）鼓励学生对新观念进行评论，激发学生对原有知识结构进行重组，产生认知顺应并形成对有关问题的新观念图式。这些促进认知顺应的条件和教学策略，对思想政治教育教学具有特殊的重要性。

第五，建构主义学习理论对教学的意义，表现在它提出了一系列促进有意义学习的教学策略，启示教师要努力避免机械学习，促进有意义学习。奥苏贝尔认为，机械学习是指对人为的和字面的联系的获得过程，表现在三种情境中：（1）学习材料本身无逻辑意义；（2）学习者认知结构中缺乏同化新观念的相关知识；（3）学习者缺乏有意义的学习心向。有意义学习则是指符号表达的新观点与学习者认知结构中的有关观念建立实质性和非人为性联系的过程。教师要帮助学生避免机械学习，促进有意义学习，必须在教学中注重内容的逻辑性，善于结合学生的知识背景开展教学，同时激发学生的学习心向。综合奥苏贝尔和布鲁纳等心理学家的观点，促进有意义学习的教学策略主要有以下几个方面。

一是充分考虑学生认知结构变量，设计"先行组织者"。所谓"先行组织者"，是指学生在学习新知识之前，教师根据学生原有认知结构变量的水平所选取和呈现给学生的一种引导性学习材料。如果学生认知结构中缺乏可用来同化新知识的适当上位观念，则可设计一个或一组陈述性先行组织者，为学生认知结构嵌入一个适当的上位观念，从而增强认知结构的可利用性，促进新知识的同化。如果学生认知结构的可辨识性和稳定性不高，则可设计一个或一组比较性先行组织者，增强学生对新旧知识的辨识，巩固原有知识，以促进新知识的学习。

二是增强学生对基本知识的理解，对概括性、包容性和解释性较强的基本概念、基本原理、基本方法的领会，有助于学生牢固掌握具体知识，有助于学生形成良好的认知结构，有助于促进知识的积极迁移。布鲁纳也强调，越是基本性和基础性的知识，越有助于学生形成认知结构。

三是改进教材的呈现方式。教材的呈现，在纵向上应遵循从一般到具体、由具体到一般，以及从整体到部分、从部分到整体的原则，在知识的讲解上要突出"分化—综合—再分化—再综合"的往复，以帮助学生理解并形成有效的认知策略；在横向上应遵循融会贯通的原则，加强学科内概念、原理以及各个部分知识产生认知顺应并形成对有关问题的新观念图式。这些促进认知顺应的条件和教学策略，对思想政治教育教学具有特殊的重要性。

# 第二节　高校思想政治教育的教学理念与方式

## 一、高校思想政治教育的教学理念

教学理念是教学理论向教学实践转化的重要环节，是教学实践特别是教学方法论的思想指导。在教学方法探索中，广大教师应进一步提升教学理念，形成教育性教学、主体性教学、发展性教学和整体性教学等教学理念体系。

### （一）教育性教学理念

教育性教学理念是德国教育家赫尔巴特明确提出并比较系统地加以阐释的一种教学理念。赫尔巴特不满于知识教学与道德教育相分离的现实，明确提出"教育性教学"理念。

在赫尔巴特看来，这个理念包括三层含义，首先，教育离不开教学。培养人的道德、价值观和信仰的教育都必须依靠教学，教学是教育的必要前提和基础。其次，教学不能疏离教育。知识是人的德行基础，但不是德行本身；传授知识不是教育的目的，培养有德行的人才是目的。如果说离开教学空谈教育，教育就成为失去了手段的目的，离开了教育，教学则是失去了目的的手段。没有无教学的教育，也没有无教育的教学。最后，教学的终极意义是教育，教育的最高目的是道德。一切教育、教学，都应该指向人的精神世界，指向人的德行、价值观和信念。为了实现这个最终目的，教学必须为自己设立一个近期的、较为直接的目的，这就是多方面的兴趣。

教育性教学是思想政治教学最基本的教学理念，其含义包含两个相辅相成的方面：一方面是教学首先要传授系统的知识，理想和信念的培养不能离开马克思主义理论的滋养，高远的目标追求不能离开知识教学，丝毫不能轻视基本知识和基本原理的教学；另一方面是思想政治教学不是单纯的知识传授，不能为知识而教学，更不能陷入碎片化知识和逸闻野史而不自知。离开了教育的教学理念，必然会背离思想政治教学的根本属性。

### （二）主体性教学理念

主体性教学理念源远流长，在古代中国和古代希腊，就形成了丰富的主体性教学思想。特别是 20 世纪以来，随着哲学和心理学以及教育理论的发展，尊重、激发和弘扬人的主体性日益成为教学的基本理念。主体性教学理念的核心是：学生是教学过程的主体；学生的积极心向和主动建构是有效学习的先决条件；学生主体的主体性状况是教师主导性水平的衡量依据，也是影响甚至决定教学成效的关键因素。

主体性教学理念已经成为思想政治教师普遍认识并践行的教学理念。在教学实践中，广大教师注重激发学生的学习兴趣和内在动力，充分尊重和关爱学生，努力创设和谐、民主的课堂环境，鼓励和组织学生参与各种教学活动，如讨论、辩论、演讲、自学、小组研讨、读书会、社会实践等，运用各种方法激发学生学习马克思主义理论的积极性和自主性，使学生的学习主体性达到了新的高度。

### （三）发展性教学理念

发展性教学理念的核心思想有：教学既要努力促进学生的知识结构和认识能力的发展，更要促进学生其他方面的发展，包括知识结构、认知能力、情感水平、思想素养、态度和价值观等因素在内的均衡发展；教学要激发学生学习的内在动机，努力使学生理解学习的过程和意义，掌握学习方法和认知策略，提高自我学习的愿望和能力；教学要使所有学生都得到发展。发展性教学理念与教育性教学理念既有联系也有区别，教育性教学理念侧重知识教学与道德教育之间的关系，而发展性教学理念则侧重学习过程与人的一般发展关系。

发展性教学理念成为思想政治教师普遍认识并实践的一种教学理念。在教学实践中，广大教师充分运用各种教学素材和教学方法，激发学生的学习动力，重视学生的学习过程，自觉把认知发展和情感发展、思想发展、道德发展、人格发展等统一起来，既注重马克思主义理论知识的教学，又注重培养学生分析问题和解决问题的能力，帮助学生解答成长过程中遇到的困惑，同时注重提升学生的综合素养和境界。因此，思想政治教学已成为滋养学生健康成长的精神食粮。

## 二、高校思想政治教育的教学方式

如果说教学模式是高校必须思考的问题，那么，教学理念和教学方法则应是教师必须理解的问题。教学最终体现在教师的课堂教学行为和具体的教学方法上，因此，教师应掌握课堂教学最主要的教学方法及其基本规范。

### （一）讲授法及其基本规范

讲授法是一种直接教学，是教师通过口头语言行为向学生系统传授知识，并促进学生情感和思想品德发展的教学方法，即教师直接将信息传递给学生，并有效地分配课堂时间，以尽可能高效地实现一系列明确界定的目标。直接教学尤其适用于教授那些学生必须掌握的、定义明确的信息或技能。讲授法是思想政治教学中最主要的教学方法，几乎任何一种教学模式和教学方法都包含讲授法。由于讲授法的特殊重要性，许多教学理论家都明确提出了运用讲授法的一系列教学策略和规范。还可以从前述的各种教学理论中吸取讲授法的一般教学策略。

第一，讲授法的主要形式。讲授法有讲读、讲述、讲解、讲评等不同形式。讲读是讲和读的结合；讲述是介绍学习材料、叙述事物变化发展的过程等；讲解是对概念、原理、规律进行分析、解释或论证等；讲评主要是对理论和原理以及学生的学习过程和结果进行评价。讲读、讲述、讲解和讲评的区分是相对的，实际上它们之间也相互联系。

第二，讲授法的一般步骤。综合赫尔巴特的"四步教学法"、杜威的"五步教学法"以及相关教学过程理论，运用讲授法一般要遵循以下步骤：（1）组织教学，简明地阐述学习目标，集中学生的注意力，激发其学习心向；（2）简明扼要地回顾和复习先前学习的相关知识，激活学生的相关背景知识，提出新的学习内容，可以运用前后知识衔接、创设疑难情境、运用案例典故等方式引入新课；（3）讲解新知识，根据学生学习的状态调整教学节奏；（4）围绕教学内容简要讨论，并回答学生提出的问题；（5）课时教学小结，提出需要思考的问题或将要学习的内容。

第三，讲授法的内容要求。讲授法最重要的要求是对讲授内容本身的要求。讲授内容和内容的呈现要有条理性，切忌缺乏关联性和逻辑性，切忌杂乱无章；要突出基本性和基础性，分清哪些是"主食"，哪些是"辅料"。"辅料"要为"主食"服务，不能"辅料"太多而"主食"简单带过；要突出导向性，案例和例证要为讲授服务，切忌"跑偏"；案例和例证要富于典型性、教育性和启发性，还要注重讲授内容的整体性，善于将知识从横向到纵向贯通起来，避免讲授内容的孤立化和碎片化。

第四，讲授法的策略要求。有效运用讲授法，需要认真研究和思考如何讲授这一问题。讲授法需要有效的策略，是否善于运用有效策略是影响讲授效果的重要因素。比如，要根据教学内容的主次、难易、顺序和系统而采取精讲、细讲、先讲、后讲、重讲、串讲、略讲或不讲等方法。重点内容精讲，难点内容细讲，破题内容先讲，结论内容后讲，系统内容经常串讲，次要内容略讲，易懂内容不讲。讲课时应留有余地，耐人寻味，要启发学生积极思维。由抽象引入到具体例证和分析，再到总结，或由具体例证引入到分析概括，再到总结；适当运用视觉辅助；有条理地呈现材料，控制单位时间内的合理信息容量等，都是讲授法的重要策略。

第五，讲授法的言语行为和非言语行为艺术。口头语言行为是讲授法的核心要素。语言要清晰流畅、准确精练、条理清楚，讲授的音量和速度要适度，抑扬顿挫，要根据学生的专注程度有意识地调节。教师要辅之以眼神、手势、姿态和面部表情，提高语言的感染力，要认知自身可能存在的下意识动作，如搔头摸耳、眼睛望窗外或天花板、摆弄粉笔，以及口头禅和无意义重复等，并努力克服。讲授过程中，教师要关注学生的反应，避免语速过快（或过慢）、音量过大（或过小）。

第六，讲授法的板书要求。板书是讲授法的重要辅助手段，板书的基本要求有：要结合教学内容进行设计，通常有逻辑要点式、结构图形式和图表演示式三种形式；要系统完整，又要简明扼要；要正确规范、书写美观。

**（二）问答法及其基本规范**

问答法是通过师生问答、对话等形式展开学习和探究的一种教学方法，一般与讲授法同时运用，也可独立运用。问答法有助于通过师生互动来激发学生思维，培养其独立思考和言语交往的能力，是思想政治教学广泛运用的方法。

第一，了解问答法的目的。运用问答法，主要是为了深化学生对问题的思考和探究，同时也为了评估学生对所学内容的掌握情况。一般不宜将问答法作为课堂管理的一种手段。比如，用比较深奥的问题提问不专心听课的学生，或用提问的方式检查学生课堂出勤的情况等。问答法强调师生双方围绕一个问题层层深入地探究，其目标指向是学生对问题的理解而不是管理学生。同时，要让学生知觉和体验到教师运用问答法的真诚性，否则，问答法就会失去其作为教学方法的意义。

第二，运用问答法的一般流程。一是设计问答计划，问题要明确且具有挑战性。二是开展问答教学。教师要善于提问题，设计从一个问题过渡到另一个问题的策略，通过提问、设问、追问、反问等方式激活和深化学生的思考；注重启发诱导学生思考，揭示问题的关键和本质所在，提示分析问题的可能视角。三是问答总结。要概括问题的实质，梳理回答问题的视角，归纳和分析对问题的各种观点，启发学生进步思考的路径。

第三，避免两种倾向。一种倾向是教师居高临下，对学生不愿意或回答不上来的情况一味责备，不能容忍学生错误的回答，也不能容忍学生同教师有不同的意见等；另种倾向是把问答法形式主义化，片面理解和追求课堂活跃度、学生参与度等，用简单低级的问题，机械地进行一问一答，浮于表面的"热闹"或"表演"，师生间没有深度对话和交流。真正意义上的教学互动是学生专注并积极的参与，是理智和情感的代入以及思索的主动与热烈。

### （三）讨论教学法及其基本规范

讨论教学法是高校思想政治教学的常用方法。讨论教学法是在教师的主导下，充分发挥学生的主体性，旨在深化学生对知识的理解，增强学生对问题的辨识，加深学生对情境或理论意义的体验，拓展学生的知识视野，提高学生分析问题和解决问题的能力而采用的一种教学方法。

第一，讨论教学法的主要形式。讨论教学法主要有主题讨论、案例讨论、课题研究讨论、读书会讨论、辩论讨论、嘉宾参与讨论等多种形式。主题讨论和案例讨论是指教师组织学生围绕一个教学主题或案例，以分组或个别发言等不同方式，运用说理与论证、列举与归纳、比较与辨析、反驳与批判、概括与总结等思维操作，对教学主题或案例进行深度阐述的教学方法。课题研究讨论是指教师组织学生开展课题研究（或一组学生共同完成一个课题，或多组学生分别完成不同课题，或一名学生独立完成一个课题），学生在课堂上交流和讨论课题研究的过程、结论和感悟的教学方法。读书会讨论是指教师组织学生开展课外阅读（或全体学生阅读指定文献，或分组阅读不同的文献），学生在课堂上交流和讨论阅读感悟的教学方法。辩论讨论是指教师组织学生以辩论的方式，对两个对立的观点或立场进行辩护或批驳，从而深化学生对知识的理解的教学方法。嘉宾参与讨论是指教师组织学生模拟嘉宾或真实邀请嘉宾，围绕某个主题以嘉宾叙述或嘉宾与学生对话等方式开展教学的一种教学方法。在实际运用中，上述讨论形式往往是相互交叉的。

第二，讨论教学法的一般步骤。不同的讨论形式有不同的操作步骤，讨论教学法的一般步骤有：讨论主题的选择；讨论活动的准备，包括确定中心发言人选、学生准备发言内容、讨论条件准备等；讨论过程的展开与引导；讨论总结与讲评。

第三，讨论主题的选择。讨论教学法的关键之一是讨论主题的选择。讨论主题要根据教学目标和学生实际，有计划地精心设计，一般由课程教学组集体设计。讨论主题一般选择重大理论问题或重大现实问题，既不能过于宽泛，也不能过于具体；既要有思想性和教育性，又要有可讨论性；既不能过于专业化，又要有适度的理论性。讨论主题要具有较大的讨论空间，能够激发学生进行多维度的思考和探究。讨论前，教师要向学生讲明讨论主题和讨论要求，要指导学生围绕讨论主题确立思路、收集资料、创造条件，要检查学生围绕主题准备相关资料的进展情况。

第四，讨论过程的引导和总结。讨论教学法的另个关键是过程引导。在讨论过程中，教师既要鼓励学生大胆发言，充分交流，又要引导学生聚焦主题，切忌跑题。教师要善于激励学生广泛参与，可适当提示讨论角度的变换或延伸等，引导学生围绕主题进行深入的互动探究和意义构建。对于讨论过程中的非预期事件，教师要准确判断并有效引导学生解决问题。在讨论临近结束时，教师要进行总结讲评，讲评应充分肯定学生，并提出进一步思考的建议。教师既要对学生阐述的不合理观点进行引导，又要肯定学生积极思考的价值，努力使学生通过讨论来体验思考和探究的意义。

第五，在讨论教学法中，教师要明确定位。要处理好学生主体作用和教师主导作用的关系，处理好平等交流与思想引领的关系，处理好重点发言与普遍参与的关系。总之，要立足教学目标、课程内容和学生实际，精心组织，加强管理，使讨论教学法达到最优效果。

### （四）学生主导型教学法及其基本规范

随着主体性教学理念的普及，学生主导型教学法被不断运用于思想政治理论教学中。学生主导型教学法主要有合作学习、同伴教学以及自主学习和发现学习等。

第一，学生主导型教学法的主要特点。其特点是强调学生学习的自主性、参与性和合作性。合作学习中的小组学习或课题研究学习，突出小组成员的互相合作；自主学习把课程计划中的部分内容交由学生独立完成；同伴教学重视互教互学；发现学习强调学生独立或合作的探究与发现过程，这些方法都强调学生的自主性、参与性和合作性。在这里，教师把学习的自主权交给学生，包括学习目标的设定、学习内容的选择、学习步骤的安排甚至是学习效果的评定等，都交由学生完成，使学生真正成为学习的主体。

第二，学生主导型教学法中教师的主要任务。在学生主导型教学法中，教师的主要任务是为学生"搭脚手架"。所谓"搭脚手架"，就是为学生的自主学习创造必要的环境和条件，如使学生保持完成任务的动力，帮助学生制订自主探究的任务和计划，设计学生感兴趣且有挑战性和教育意义的讨论主题，创造有利于辩论和建设性评价的课堂氛围，通过提问促进学生有效思考，给学生提示目标和有效思路，经常给予学习的反馈建议，为学生提供帮助。尽可能使其高水平地完成任务以提高自我效能感等。此外，教师还要创设一种智力探究的愉悦环境，让学生体验到理智活动的乐趣。

第三，学生主导型教学法中教师的作用。在学生主导型教学法中，教师由讲授者和组织者转变为指导者和建议者，这只是任务和角色的转变，并不意味着对教师作用和地位的否定。事实上，在学生主导型教学法中，教师"搭脚手架"的工作对于教学效果尤其重要。学生学习动力与信心的激发和保持，学生自我效能感的培养，以及学生自主学习的环境和氛围的营造等，是学生主导型教学法能否取得成效的关键因素。

# 第三节 高校思想政治教育教学方式的创新

## 一、高校思想政治教育创新的必要性

第一，随着社会的不断发展，大学生的思想观念发生了翻天覆地的变化，因此需要对高校思想政治教育方法进行创新。改革开放以来，我国经济社会快速发展，人民生活水平不断提高。当前，我国正在经历一场深刻的转型，开放的氛围和复兴的浪潮席卷而来，传统思想道德体制的秩序和地位正受到实利追求利益观和道德观的冲击。市场经济的深入推进导致利益关系多元化和价值观念多样化，各种新思潮、新文化不断出现。随着全球一体化的浪潮和大众民主权利的提高，人们的竞争意识在空间、时间和强度上得到了前所未有的拓展和提升。现代传媒以其快捷性、互动性、广泛性等特点对当代大学生产生了深远的影响。人们的思想在大众传媒和网络空间中得到了广泛渗透，从而深刻地塑造了他们接受信息和思想的方式。随着经济和科学技术的迅猛发展，新的思想、道德和伦理问题不断涌现，同时也推动着人类思想向更为广阔的领域不断拓展。网络技术的迅猛发展，以互联网为代表的新媒体成为当代社会重要的文化传播媒介，对大学生的学习生活产生越来越大的影响。这也导致了大学生的思维模式发生了根本性的转变，包括但不限于结构性、过程性和表征性的转变。这种变化具有复杂性、动态化、多元化等特征。具体的行动不仅是思想的形成、发展和转化规律的体现，更是一种内在的精神追求。因此，当代高校思想政治教育面临着严峻的挑战。为了增强教育对象的主体性，思想政治教育需要进行改革和创新，摆脱束缚和模板式的说教，提供可供选择和指导性的引导和帮助。通过建立科学有效的评价体系，促进大学生价值观与主流意识形态相协调。在面对多元化的价值观念冲击时，大学生陷入了文化传承断裂、信仰权威缺失、理想主义消亡的迷茫之中，因此需要从文化根源和哲学原理出发，为学生提供选择正确价值取向的方法。现今的大学生特别注重通过社会和市场竞争的需求、方向、规范和价值来塑造自身。因此，思想政治教育应根据不同时期的时代特征及社会发展趋势不断地调整其内容与方式。因此需要注重心理内化功能，提高自身抵御外部冲击的能力，以确保对学生思想的持久影响主动权。

第二，高校思想政治教育的发展需要探索创新的教育方法，以发挥其功能。当代社会的演进方向是全球化和未来化，越来越多的人的全面成长成为推动社会进步的根本动力。在这种情况下，高校思想政治教育要想更好地服务于社会主义现代化建设就必须适应新形势、新任务对大学生进行有效的引导、帮助和培养。为了满足社会和学生自身发展的需求，思想政治教育必须以人为中心，面向全球、面向未来，以确保其功能的最大化。高校应把面向新世纪新阶段的任务与大学生思想政治教育结合起来，努力探索适合时代要求的新思路和新举措。随着宏观领域的不断发展，我们必须更加关注世界政治经济形势和社会主义现代化建设中深层次问题的日益突出对学生的影响，因此需要加强竞争伦理、科技伦理、环境伦理和网络伦理的教育，以培养大学生的借鉴能力、科学分析能力和应对变化能力，同时提高他们面向市场和面向世界的思想、道德和心理素养。为了推动未来领域的发展，我们需要综合运用社会学、系统学和未来学的知识，为大学生提供预测教育、超前教育和预防教育，以增强他们面向未来的信心，培养他们的自我决定力，提高对未来的预测、预防和应对能力，从而实现思想上的领先，降低风险，抓住机遇，创造机遇，争取主动权。要向生活领域发展，要把思想政治工作与社会实践结合起来，使高校成为学生成长成才的沃土，让学校的每一位师生都能感受到时代脉搏的跳动，从而激发出强烈的求知欲望。为了推动专业领域和相关领域的发展，我们需要充分发挥思想政治教育在促进学生专业精神、求实态度、科学方法形成方面的基础作用，同时也需要充分利用教书育人环境、学生互动环境、物质制度环境、人文氛围环境等因素对大学生思想进行教育和感染。

第三，为了克服传统思想政治教育所带来的弊端，我们需要对高校思想政治教育方法进行创新。我国社会主义市场经济体制正在逐步建立起来，高等教育也正处在一个深刻变革的时期。传统的高校思想政治教育模式在计划经济体制下形成，过于强调社会本位，而忽视了教育对象主体性的考虑，未能真正以学生的现实需求和全面发展为中心，导致思想政治教育产生了重复、空洞、强迫等消极体验，从而大大削弱了其吸引力和影响力。此外，思想政治教育工作者也忽视了受教育者的主观能动性，导致思想政治教育内容与实际相脱节。在新的时代背景下，为了克服思想政治教育工作中存在的种种弊端，我们必须探索创新的方法和途径。

树立"以人为本"的指导思想，重视人的主体地位，尊重并满足人的各种需要。在实施激励功能时，既要重视物质激励、精神激励，还要注意情感激励。引导大学生注重发掘自身的潜能和个性特点，不断追求自我实现的目标，积极探索在社会中发挥独特而富有创造性的价值。为了确保保障功能的有效实现，我们需要引导大学生在处理自主性与依赖性、竞争性与合作性、批判性与适应性的关系时，注重培养信息沟通、矛盾缓解和情调调节的技能，以培养每位大学生成长、成才、发展和超越的良好心态。同时，还要通过建立和谐师生关系，加强人文素质教育，开展丰富多彩的校园文化活动来强化高校育人功能。为了实现育人功能的全面发展，我们需要以促进学生全面发展为目标，不仅要传授思想内容和塑造人格风范，还需要运用人力资源开发理论、智力和非智力因素开发理论等综合开发方法，对学生进行全方位的培养。

新时期以来，随着高校教学改革进程不断推进和社会经济发展对人才培养要求的提高，思想政治教育工作取得了很大成就，为培养高素质人才发挥了积极作用。在当今新的形势下，传统的思想政治教育方式和方法的单一化、说教式的缺陷日益凸显，对思想政治教育工作的成效产生了严重的负面影响。将学生视为社会道德规范的被动接受者，并采用以灌输为主的德育方法，忽视了学生的个体差异性和自身需求，导致思想政治教育流于形式，重统一而不重多样，重结果而不重过程，从而削弱了学生的主动性。高校思想政治教育亟需创新，应探索新的教育模式和途径，以应对当前形势。

## 二、思想政治教学方式创新的途径

### （一）要明确校园文化建设在思想政治教育工作体系中的定位

促进大学生全面发展是大学生思想政治教育的终极目标，校园文化建设是开展大学生思想政治教育工作有效途径。

1. 深入推进校园文化建设，加强思想政治教育工作实效

校园文化建设应以学校党委领导高度重视为关键，各职能部门分工协作为保障，以各学生组织积极配合为基础，这就要求整合学校党政、教学、后勤、宣传、社团、学生会等校内力量健全党政统一的领导，形成党群齐抓共管、各负其责的

长效校园文化领导机制和工作机制。诚然，大部分高校都将校园文化建设的机制作为学校校园文化氛围形成以及不断发展的重要保障，但是，在校园文化建设机制健全完善的同时应该看到在校园文化发挥育人功能的过程中存在思想政治工作程式化、缺乏对其效果的监督机制、对接受对象的接受程度和接受效果考虑有所欠缺的现象，在长效机制健全完善的同时应将形势与内容相结合、将工作目标与体系绩效评价相结合，新辟校园文化在思想政治教育工作中的广阔领域，确实扎实校园文化建设在思想政治教育体系中的育人作用。丰富创新校园文化活动载体突出文化育人作用。改变校园文化活动中思想政治教育重"灌输"、轻方法，重智育轻德育的偏科状况，并逐渐转变活动丰富却良莠不齐的情况、重视大而全却缺乏深度的现象，建立健全全面素质鼓励评价体系，将主动权交给学生，以全面发展为目标，为大学生提供丰富的第二课堂营养自助"大餐"。

应对大学生课外文化素质教育活动的类型、层次、对象、场所等进行统筹规划。在继承优秀传统文化项目的同时，努力创新文化活动的形式，挖掘品牌，精心组织以科技、创新、实践、文化艺术、红旗团支部创建活动为龙头的科技、文化、艺术、文体等各类品牌活动的建设，培养大学生崇尚科学，追求真知，勇于开拓，迎接挑战的创新精神和创业意识，并积极构建校园文化活动的载体，加强校园网络文化建设，拓宽校园文化建设的渠道和空间，管好、用好校园文化阵地，为校园文化活动提供必要的场地和条件，形成对校园文化活动的正确引导，使思想政治教育深入人心。

2. 完善政治素质教育新平台

大学生政治素质的提高是以掌握马克思主义理论特别是邓小平理论为基础的。大学生只有全面系统地学习马克思主义理论，并掌握其实质，才能抵制各种各样的非马克思主义理论观点的影响，才能不断提高自己的政治素质，坚定正确的政治信仰，这也是校园文化建设在思想政治教育体系工作中的重点。高校应该将工作是否得到广大同学的认同和支持，是否符合他们的利益，是否真正发挥团结、教育、引导青年作用作为工作的衡量标准，根据大学生的现实情况、思想政治教育工作自身特点和社会发展主流确定工作思路。进而在挖掘和创造新生命力的同时结合新形势、新需求，创新工作载体及工作模式开辟新的政治素质教育平台，服务于思想政治教育。

3. 积极引导学生社团组织发挥其在校园文化建设中的主力军作用

高校应该为广大学生搭建舞台，积极引导学生社团和学生组织发挥主动性和能动性，充分发挥学生社团组织在校园文化建设中主力军的突出作用。校园文化活动中实施项目管理，以学生会、科协、各类社团等学生组织为中介，放手让学生开展工作，使校园文化活动的开展更能贴近青年、服务青年，更有利于锻炼、培养学生各方面的能力，更有利于充分调动学生参与各项活动，更能充分激发基层组织的活力，增强基层组织的战斗力与凝聚力，最大限度地发挥大学文化育人功能在大学思想政治教育中的作用。塔里木大学校团委积极引导学生开展社团活动，提出了"百花齐放"的方针，并已初具规模，学生社团数量众多，是校园文化一道独特的风景线，科技创新类、志愿者类、理论学习类、实践类和文体类的社团一直是塔里木大学校园文化的积极建设者，学生社团开展的活动深受广大同学欢迎。这些活动对增强校园学术气氛，营造学习风气，提高大学生专业水平和实际操作能力，陶冶情操，促进综合素质的提高发挥了积极的作用。

**（二）要构建校园文化建设长效工作体系**

1. 从集中统一走向思想政治教育个性化

在社会主义市场经济条件下，由于社会生产力水平的多层次性和所有制形式的多样性，以及影响人们思想形成、变化发展的因素的多样性、复杂性、变化性，这就要求思想政治工作在坚持必要的集中统一教育方法的同时，必须从个体入手，实行"分层式"思想政治教育。要根据教育对象的不同知识结构、个性特征选择恰当的教育内容，突出重点和个性，灵活机动地采用各种教育方法。坚持因人而异、因材施教、区分层次，使思想政治教育的布局由集中、大型、统一向灵活、小型、多样的方向转化，尊重和凸显学生的个性。

2. 促使思想政治教育民主化

必须坚持以人为本，变"强制性的灌输"为"民主化的对话"。实行对话式思想政治教育应注意以下几点：第一，要注意培育学生的参与意识与能力。没有对话者的参与，对话难以维系；对话效果的好坏，取决于对话者的能力。因此，在对话式思想政治教育过程中要着力培育学生的参与意识与能力。第二，要有平等的态度。对话为教育双方的参与和发表意见提供了一个平台，它要求对话双方地位是平等的，都有表达自己思想和观点的权利和机会，任何一方不得靠自己的权威或权势压迫另一方。因此，在对话中要注意平等意识的宣扬和培养。第三，尊重学生的创造性和批判精神。对话式思想政治教育过程不是预设的而是生成的，对话是对话者对教育者和自身的质疑、反思和超越。因此，必须充分尊重和发挥大学生在品德建构和道德实践中的主体性、创造性和批判精神，推动大学生不断完善自身的品德，丰富和发展社会的道德规范。第四，要有开放的环境。对话是人们之间相互敞开的一个理解、宽容与接纳的过程。环境的开放是对话得以进行的前提，只有在开放和宽松的社会大环境中，个体的差异性才能得到真正的尊重，才能达到求同存异。

3. 从大张旗鼓走向润物无声，促使思想政治教育隐性化

现代心理学认为，人的思想、心理存在一种"自身免疫效应"，当与人自身固有的思想体系相区别的外界思想进入人的思想时，人自身的原有思想就会形成一个"防护层"，阻止外界思想的侵入。这种外界思想被人感知的程度越大，它所受到的抵触也就越强烈。而传统的思想政治教育目的过于直接，是一种生硬的说教和纯学科化的德育，教育方式单调，学生参与不够，学生的主体性不能充分表现，易引起学生逆反心理，难以收到实效。因此，必须从以大张旗鼓地显性教育为主走向以润物无声的隐性教育为主，将思想政治教育融入管理之中，融入活动之中，融入文化之中，融入环境之中，融入媒体之中，追求一种"使学生受到教育并避免学生感觉有人在教育他"的情境，从而提高育人的效果。

### （三）要注重高校思想政治教育中与学生的心灵情感沟通

这类的观点主要从加强健康教育以及注重情感沟通的特殊效应两方面来讲。

1. 心理健康教育是加强和改进大学生思想政治教育有效途径的观点

这种观点认为，加强和改进大学生思想政治教育工作，使思想政治教育与心理健康教育互相补充、互相促进，是高校提高思想政治教育一条行之有效的途径。

首先，统一思想，组织保证，深化心理健康教育在思想政治工作中的基础地位。一方面健康的心理有利于学生接受思想政治教育，并内化为自己的信念，外化为自己的行为。另一方面是科学的世界观、人生观、价值观对一个人的心理素质有极为重要的导向作用，并可以提高其心理健康水平。其次，增强实效，发挥心理健康教育在思想政治教育工作中的重要作用。要建立一支稳定的、高素质的

心理健康教育师资队伍，全方位了解学生心理需求，切实为大学生提供心理援助和解决实际问题。

2.情感沟通是加强和改进大学生思想政治教育有效途径的观点

这种观点认为，思想教育要做到情中有理，理中蕴情，情真理切，情理交融，思想教育才会收到实效。

首先，关心爱护学生，注重感情投资。一个高校思想政治工作者应对大学生充满爱心，倾注深情。处处体察学生、了解学生、关心学生、爱护学生。其次，运用语言艺术达到以情感人以情动人。思想教育应有真情实感，应当情理交融。必须在教育过程中充分进入角色，体察受教育者话语中流露的情感。最后，信任激励学生激起学生的感情共鸣。在对大学生进行思想政治教育的过程中，应善于运用信任这一情感因素，激发大学生确立和保持勇于进取、有所作为的精神状态。抓住大学生自尊心强的心理，及时予以有效的激励，这样可以使大学生产生奋发向上的原动力。

3.注重高校思想政治教育中的典型示范作用

这种观点认为，优秀校友的典型示范是加强和改进大学生思想政治教育的有效途径。一方面优秀校友的典型示范教育在思想政治教育中具有针对性和实效性，是在校学生最为亲近的榜样，另一方面优秀校友的典型示范教育在思想政治教育中具有吸引力和感染力。

首先，建立校友工作网络，广泛收集校友事迹。建立健全的校友联系渠道和完善的校友信息库是开展校友工作的前提，是开展优秀校友的典型示范教育的基础。其次，大力宣传校友事迹，在不同方面进行优秀校友的典型示范教育。要大力宣扬优秀校友的先进事迹，在不同时间不同场合不失时机对学生进行优秀校友的典型示范教育。

**（四）要重视高校毕业生就业指导及红色教育的感化功能**

红色教育体现思想政治教育的政治导向功能，红色教育培养大学生的爱国主义情感，进一步发挥思想政治教育的政治导向功能，这种教育方式可以使大学生更具体、更深切地体会和领悟爱国主义的情怀。

要注重高校班级学风的思想政治教育同化作用。这种观点认为，学风是校风的重要体现和核心内容，是大学文化底蕴和办学理念的集中体现。培养优良学风既是实现高校培养目标、促进大学生成长成才和全面发展的客观要求，也是高校自身可持续发展的永恒主题。

要建立一套加强学风建设的制度。如鼓励优秀学生"脱颖而出"制度、教考分离制度、学生科研奖励制度、学生评教制度、教师评学制度、"双专业、双学位"制度等。班级是学生学习和生活的基本细胞，是学校对学生进行思想政治教育的基本组织形式，是大学生自我教育、自我管理、自我服务的主要组织载体，开展以班级学风建设为基础，以"稳定、就业、考研、竞赛"为中心内容，以抓晨读、晚自习、晚熄灯为举措的学风建设活动，并建立和完善行之有效的班级学风建设评估办法。这样既增强了思想政治教育的实效，又极大地激发了学生认真学习、努力成才的自觉性、主动性和积极性，培养了学生的集体观念和团队精神，增强了学生的责任意识、竞争意识和创新意识，提升了学生的综合素质，并最终为造就德智体美全面发展的社会主义事业的合格建设者和可靠接班人提供了坚实的平台。

大学生思想政治教育在向纵横方面、宏观微观领域不断拓展的过程中，构建起了多渠道、多层次、全方位实施思想政治教育的综合育人体系。在此基础上，广大学者一致认为以社会实践为平台，不断优化教学形式，更新教学内容，丰富校园文化，提高教师素质，综合运用多种手段，是大学生思想政治教育实现质的提高的必然之举。

总之，大学生思想政治教育工作是一项需要与时俱进、不断创新的系统工程。为积极主动适应新形势的要求，思想政治教育工作者应该不断探索新途径、新方法，理论结合实际，为提高大学生的思想政治素质，为把他们培养成中国特色社会主义事业的建设者和接班人而不懈努力。

# 第三章　高校思想政治教育的话语传播

本章主要从四个方面进行阐述，分别是高校思想政治教育话语传播的理论、高校思想政治教育话语传播的现状、高校思想政治教育话语传播的基本规律与核心向度、校园文化建设与大学生素质的培养。

## 第一节　高校思想政治教育话语传播的理论

### 一、高校思想政治教育话语传播解析

#### （一）高校思想政治教育话语传播概念解析

高校思想政治教育话语传播指身处高校思想政治教育这一场景下的教育者以及受教育者间展开的，主要为了传递思想政治教育信息的实践活动。详细来讲，这里提到的信息传递有两种：第一，教育者遵循国家、政党、社会众多受教育者接收信息的习惯，把指定教材体系作为依据，对众多接受教育的人的信息接收习惯、接受心理以及风格进行深层次的研究和把控，形成一种特定话语信息内容，然后再进一步传递给受教育者。第二，高校的众多受教育者收到教育者思考、研究过的思想政治教育信息后，根据自身实际情况对信息进行吸收、反思，形成带有自己研究痕迹的反馈性话语信息，再传回教育者。

#### （二）高校思想政治教育话语传播内涵解读

高校思想政治教育话语传播的基本内涵主要体现在以下几方面。第一，高校思想政治教育话语传播除了作为教育实践活动顺利推进的重要信息传输活动外，

还承载着特定的思想意义，即"意义其实是被语言创造出来的"①。在高校思想政治教育话语传递相关知识要点、思想观点和价值范式的过程中，马克思主义价值内核得到了集中体现，从而折射出以社会主义意识形态为基本指向的思想光辉。

第二，高校思想政治教育的话语传播必须以现实生活的实践为根基，这是其根本所在。话语是"生活过程在意识形态上的反射和反响"②，其理念、使命、目标、内容、原则和方法等，皆源于社会实践活动的推动。现实的社会生活是高校思想政治教育传播的根本依托，随着社会现实生活实践的不断推进，高校思想政治教育话语传播也在不断自我完善和提升。

第三，在高校思想政治教育话语传播中，传递者和接受者之间的无缝沟通是推动有效进展的关键因素。通过双向对话、共同参与、协商共识等多种形式，传递者与接受者彼此"在认识上产生认同、情感上发生共鸣、思想上实现升华"③，最终实现双方的话语共识。

第四，要想有效推进高校思想政治教育话语传播，必须实现各基本构成要素的协同配合，以达到最佳效果。其中，传播者和接受对象是影响高校思想政治教育传播实效的重要因素，二者缺一不可。高校思想政治教育话语传播是一个复杂的系统性工程，为了达到最优的传播效果，必须充分展现该系统中各个构成要素的效能；另一方面又要求其内部各环节具有的结构功能得以充分发挥。在这个系统中，需要协调和配合不同要素之间的相互作用，以形成协同效应，从而最大化整体传播效应。

### （三）高校思想政治教育话语传播特质展现

新时代的背景下，高校思想政治教育话语传播具备的基本特征主要表现在以下几个方面。

首先，时代特质。随着社会的演进，思想政治教育作为社会上层建筑的有机组成部分，呈现出明显的时代特征。透过话语样态的多元化，我们可以发现，话

---

① ［英］特里·伊格尔顿著，伍晓明译. 二十世纪西方文学理论 [M]. 西安：陕西师范大学出版社，1987.

② 中共中央马克思恩格斯列宁斯大林著作编译局. 马克思恩格斯选集（第1卷）[M]. 北京：人民出版社，2012.

③ 洪波. 思想政治教育话语范式转换研究 [M]. 杭州：浙江大学出版社，2012.

语传播带来的变化，从某种程度上反映了社会各个领域所呈现出的新形势和新形态，这是时代发展的必然趋势。在高校思想政治教育话语传播的发展中，我们需要站在时代发展的最前沿，深刻理解特定阶段的时代特征，并在此基础上科学探索高校思想政治教育话语传播的时代性规律，以规律为指引，致力于充分诠释话语传播时代的精神，从而使话语传播的建构与时代发展的要求相适应。

其次，革新特质。话语传播建构实践在不同的历史阶段呈现出独特的历史阶段性和差异性特征，因此，在不同的话语传播语境下，话语传播体系也会呈现出多样化的形态。尽管高校思想政治教育话语传播呈现出阶段性的建构特征差异，但总体而言，其话语方向不断演进。随着话语传播的不断推进和展现，全新的话语传播理念、内容和方法等为其注入了强劲的发展动力，从而推动其实现了质的飞跃。

最后，发展特质。高校思想政治教育话语的传播呈现出从初级到高级的演变趋势。这一变化过程集合了话语传播的演进历程、当前面临的发展难题以及推进发展的思路等方面，蕴含着丰富多彩的发展特质。随着网络新媒体信息技术的迅猛发展，高校思想政治教育话语传播必须正视其对原有话语模式带来的冲击，并积极构建以话语主体间交互对话为核心特质的全新话语传播模式。

## 二、高校思想政治教育话语传播的构成要素

高校思想政治教育话语传播主要包含四个基本要素，即主体要素（教育者与受教育者）、客体要素（目标、任务与内容等）、介体要素（方法、载体等）以及环境要素（家庭环境、学校环境、社会环境以及网络环境等）。

### （一）高校思想政治教育话语传播主体要素

在马克思主义哲学体系中，主体概念被科学地界定为"人即主体，而自然是客体"[①]。马克思对主体概念进行了双重诠释：一方面，主体在认识论层面扮演着重要的角色，是社会生产中对世界进行认知和改造的主体，与客体相对而立。其次，在本体论的层面上，我们指的是主体实际上是"某种属性、关系或状态的承

---

① 中共中央马克思恩格斯列宁斯大林著作编译局. 马克思恩格斯选集（第 1 卷）[M]. 北京：人民出版社，2012.

载者"①。在当代语境下，主体性问题已经成为哲学研究领域一个新的课题和热点。在高校思想政治教育话语传播中，教育者和受教育者都扮演着至关重要的角色，教育者是话语生成和传递的核心力量，而众多受教育者则是话语接受和认同的重要主体。

一方面，教育者作为话语传播的主体，其独特的教育和引导能力使其成为特殊性话语传播活动的组织者和实施者，在整个话语传播过程中扮演着基础性的主导角色，是以主导性为核心特质的话语传播主体。由此看来，在高校思想政治教育话语传播中，教育者方的主体性就集中体现在其主导性功用的发挥层面。教育者想要显示其主体性地位，就需要在高校思想政治教育话语传播中发挥自身组织、引领、调控等主导作用。

另一方面，就作为高校思想政治教育话语传播主体的受教育者方而言，其作为接受思想政治教育信息的主体，既是独立的主体，又具备一定的主观能动性和创造性。众多受教育者身处高校思想政治教育话语传播过程中，应该具有主人翁意识，带入角色展开思考，为教育者提供具有创造性的"金点子"，最大限度地发挥自身在话语传播中的作用。

### （二）高校思想政治教育话语传播客体要素

高校思想政治教育话语传播中，教育者扮演着主导角色，受教育者自身也具有主动性，这两个主体要素共同构成了话语传播的核心。因此，高校思想政治教育话语传播涉及的客体要素，主要包括了话语传播的目标、使命以及内容等。

高校思想政治教育话语传播内容是关于话语传播任务、目标等的具象化展开，它以特定的话语目标、内容为依据，符合中国社会进步发展的要求，并结合了高校众多受教育者的思想、行为现实，教育者在此基础上筛选、设计，传递具有明显价值导向的思想政治教育信息，"是连接思想政治教育者和教育对象的信息纽带"②。由于高校思想政治教育话语传播目标的多维性和任务的多层性，话语传播的内容呈现出高度的多样性和广泛性。高等教育机构在传播思想政治教育话语时，必须紧密依托于思想政治教育内容，以确保其有效排布。因此，本书从高校思想政治教育的基本内容出发，对话语传播内容的类别及其特征加以探讨。根据学界

① 张天宝. 主体性教育 [M]. 北京：教育科学出版社，2001.
② 沈壮海. 思想政治教育有效性研究 [M]. 武汉：武汉大学出版社，2008.

相关专家学者对思想政治教育基本内容的研究，尽管因标准或角度的不同而在内容分类上存在差异，但"都没有原则分歧"，思想政治教育基本内容主要有"世界观教育、政治观教育、人生观教育、法治观教育、道德观教育"[①]五大方面内容。

### （三）高校思想政治教育话语传播介体要素

高等教育中的思想政治教育话语传播媒介，是由多种方法、手段、载体和技术等构成的综合体，其目的在于实现预期的传播目标。作为话语传播的主体，它扮演着连接客体、教育者和受教育者的重要纽带和桥梁的角色。

首先，在高校思想政治教育话语传播中，会涉及话语主体经由特定的言语符号实现意义表达的过程中所采用的手段、方式和途径等，这些手段、方式和途径被统称为高校思想政治教育话语传播方法，是实现话语传播目标的重要中介性要素之一。

另外，为有效推进高校思想政治教育话语传播，必须依托多种载体，如思想政治理论课程教学体系、校园文化活动、专题报告等实体性载体，以及网络传播载体（如网络信息交互平台、网络课程教学平台等），这些载体共同开创了话语传播的现代存在样态。借助载体的作用，将话语传播活动中的特定教育内容传递给广大高校受教育者，以促进他们对教育内容的了解、接受和认同。

### （四）高校思想政治教育话语传播环境要素

"任何一种话语（理论）既是有效的，又是无效的，这取决于它的环境适应力。"[②]作为高校思想政治教育话语生成与发展的重要支撑，话语传播环境对话语的展开模式及表述方式有直接的影响，也会对话语语义的诠释和话语风格的选择产生影响。高校思想政治教育话语传播环境的正向和积极，能够有效地推动众多受教育者对话语的接受和认同，从而有助于提高话语传播的效果。在高校思想政治教育话语传播环境中，负面和消极的因素会对众多受教育者的话语接受和认同产生一定的阻碍作用，从而在一定程度上削弱话语传播的效果。

高校思想政治教育话语传播是一项复杂的系统性工程，作为基本的构成要素，

---

① 陈万柏，张耀灿. 思想政治教育学原理（第三版）[M]. 北京：高等教育出版社，2015.
② 胡春阳. 话语分析：传播研究的新路径 [M]. 上海：上海人民出版社，2007.

话语传播主体、话语传播客体、话语传播介体和话语传播环境彼此相互作用、制约和依存，这些因素共同促进了高校思想政治教育话语传播的现代化进程。

## 三、高校思想政治教育话语传播的变迁动力

"动力"这一概念，指的是在特定机器设备或机械装置正常运转、生产所需产品或零部件的过程中，需要多个层面、多个维度的协同推动力量。在此背景下，"动力"这一词语便成为人们用以描述某一具体现象或事件发生与发展状况时最为常见的词汇之一。接着，"动力"一词被引入多个研究领域，作为特定社会系统中社会层面或个体层面相关领域、相关工作顺利向前推进的核心动力支持，以推动某一问题或事物的发展。在此前提之下，"动力"又可视为一种具有一定方向性且能够将自身价值发挥至最大限度的能量状态，即指一切能促进人类进步与社会变迁以及人类文明持续前行的积极力量。因为高校思想政治教育话语传播是广大受教育者思想引领的重要依托，所以它是由核心力量——"动力"不断向前推进的结果。在此意义上说，"动力"不仅构成了高校思想政治教育话语权生成与再生产的关键要素，更是影响着高校思想政治教育内容及形式等方面实现创新变革的关键所在。推进高校思想政治教育话语传播理论的进程，不可避免地需要对其所涉及的"动力"问题进行深入的分析和探究。基于此，本书将以当代大学生群体为对象展开具体论述，并以此来探索我国高校思想政治教育话语权形成过程中"动力"因素发挥作用情况以及相应对策。当前高校思想政治教育话语传播变迁动力的研究，受到当前理论建构层面的限制，但可以通过较为成熟的思想政治教育动力问题研究框架来展现其动力。因此，以思想政治教育动力系统为切入点，从不同视角展开对于高校思想政治教育传播变迁动力问题的探讨。在研究当前思想政治教育动力问题时发现，代表性的基本理论主要包括矛盾分析、需求分析和合力分析三种基本表现形态。其中，从矛盾分析视角来对当前高校思想政治教育进行解读，则是目前最为重要的选择之一。就矛盾分析理论而言，其主要依托于马克思主义基本理论中有关"矛盾是事物发展的根本动力"的科学论述，认为思想政治教育理论建构或实践推进中所产生的各种形态的矛盾以及由此形成的矛盾体系，是推动思想政治教育不断发展演进的基本动力。在需求分析理论中，以马克思主义基本理论中有关人类需求的理论为支撑，认为不同层面主体的需求

是推动思想政治教育发展的基本动力。基于此，本书将从思想政治教育的两个基本前提——需求及供给出发，对两者进行深入的探讨与论证。具体而言，主要涵盖了对规范主体（无论是国家还是社会利益的维护阶级）、实施教育主体（主要是教育者）以及接受教育主体（主要是受教育者）的需求。这三种类型需求皆具有内在统一性，共同指向着思想政治教育的价值取向——实现自身的目标追求，从而使思想政治教育能够得到持续稳定地开展与运行。除了前述两种分析研究途径之外，基于马克思主义基本理论中有关社会历史发展的"合力论"所形成的分析理论也是一种重要的视角，即思想政治教育在动力层面上主要是由不同层面的动力要素在运动变化过程中所形成的"合力"作用，每个具体的要素都能够充分有效地发挥"合力"作用，而每个具体要素的独特效用都包含在"合力"功用之中。

自中华人民共和国成立以来，高校思想政治教育话语传播的演变动力在于推动这一特殊性话语传播活动的科学化和合理化，以更大程度地激发正向传播效果，从而实现优质话语传播的核心或系统性核心作用力。高校思想政治教育话语传播历史演进过程中，这种核心作用力具有一定的影响力，从而推动话语传播在不同历史时期经历相应的演变。因此，将该特定历史时段内的高校思想政治教育动力概念界定为一种整体机制或模式是较为合适的。"合力"分析理论以马克思主义理论体系中有关社会历史发展的相关理论为基础，对思想政治教育动力问题进行了全面而系统的分析，其与思想政治教育的历史演进和变革主题相契合。通过运用这一方法论原则，本书尝试着将该理论应用到具体的实践领域，从而使思想政治教育的话语传播呈现出鲜明的时代特色和时代特征。同时，将思想政治教育的演进和变迁视为一种具有连贯性的历史性运演过程，从一个侧面验证了思想政治教育动力研究系统中"合力"研究的理论路径。同时，基于这样的逻辑前提和认识基础，本书认为，高校思想政治教育的话语传播同样存在着一定程度上的变迁。因此，推进高校思想政治教育话语传播变迁动力的研究，需要借助以"合力"为核心的问题分析框架，即不同要素的不同作用力在高校思想政治教育话语传播中聚合形成一种"合力"，这种"合力"成为主导话语传播演进和变迁的核心力量。在高校思想政治教育话语传播中，不同作用力要素所形成的多样化作用力，是推动"合力"效用生成的关键因素，只有这些因素在整个话语传播过程中发挥作用，才能不断推动这一特殊性话语传播活动的演变。已经明确了高校思想政治教育话语传播的基本要素，这些要素在整个话语传播过程中扮演着至关重要的角色。在高校思想政治教育话语传播变迁动力的"合力"中，不同方面的基本作用力要素主要依赖于对高校思想政治教育话语传播基本要素的分析框架，从而推动了高校思想政治教育活动传播的发展。高校思想政治教育话语传播变迁的根本驱动力在于教育者的主导作用、受教育者的内在驱动力、话语传播媒介的联结作用以及话语传播环境的保障作用，这些因素共同构成了一个协同作用的系统。这一多元协同互动机制共同构建出高校思想政治教育语境下的话语传播变迁动力模型。在推进以"合力"为内核的话语传播变迁动力系统的过程中，我们可以看到多维化的矛盾运动和逻辑运演，教育双方、话语传播介体和环境等要素之间相互关联和相互作用，最终形成了推动话语传播变迁的核心力量。这一理论分析框架可以有效地揭示出当前我国高校思想政治教育话语权建构进程中各因素之间的内在逻辑关系。在高校思想政治教育话语传播活动的不同历史时期和不同发展阶段，上述不同的作用力要素在"合力"要素体系中所发挥的作用将呈现出差异化的效果。然而，在不同历史时期的高校思想政治教育话语传播活动的演变过程中，这些相互作用的要素是不可或缺的，它们在相互关联和作用下共同形成了变迁的"协同效应"。

**（一）教育者的主导力**

自中华人民共和国成立以来，高校思想政治教育话语传播变迁历程中，教育者一方对其变迁动力的基本方向、基本性质等进行了科学而精准的把控。随着社会发展和高等教育改革进程的推进，高校思想政治教育话语权的内容也发生了相应的改变。高校思想政治教育话语传播的演变就是教育者根据教育形势和话语语境的变化，对相关层面进行调整和优化。变革应该坚守高校思想政治教育话语传播活动固有的意识形态规范，方能确立正确的政治方向，这是变革的先决条件。由此出发，可以将高校思想政治教育的话语传播视为一个动态过程。在高校思想政治教育话语传播过程中，应该准确地反映社会特定时期内的政治、经济和文化状况，以确保其有效性和可持续性。换言之，这不仅是一个认知问题，更是一个实践问题，它关系着话语体系是否能够有效传达特定时代下人们持有的价值理念及行为方式。高校思想政治教育话语传播的演变，同样受到上述情况的制约和影响。在中华人民共和国成立之初，必须全面完成新民主主义革命的遗留任务，以进一步巩固无产阶级政权，这是当时最为重要的教育使命。在这一时期，广大教育者深刻领悟到马克思主义话语传播方向的重要性，并对高校思想政治教育话语传播的基本方向进行了精准的把握。自改革开放以来，随着思想意识领域的变革和时代语境的变迁，这种具有独特性质的话语传播不断演进和完善。新时期下，随着我国经济实力以及综合国力的显著提升，社会主义核心价值观得到广泛认同和践行。在这段时间里，作为教育者，应该始终秉持着马克思主义话语传播的方向，毫不动摇地坚守着。随着社会阶层的高度分化和利益诉求的日益多元化，各种形式的社会思潮对马克思主义意识形态的冲击越来越明显，因此，教育者必须始终坚守马克思主义的指导地位不动摇。

### （二）受教育者的内驱力

在高校思想政治教育话语传播方面，主要聚焦于提升广大受教育者的思想政治素养，以推动其全面素质的发展。从一定意义上讲，高校思想政治教育工作者从事的话语传播工作，就是通过对大学生群体进行观念引导，使之形成正确的思想观念与价值取向。高校思想政治教育话语传播活动的进展，实质上在于获取广大高校受教育者的最大程度认可、认同和实践。作为话语传播的目标对象和重要落点，高校广大的受教育者在话语传播活动中扮演着至关重要的角色。从本质上说，高校广大受教育工作者的话语表达就是他们对自己所处时代和社会现实的一种主观感受。因此，高校思想政治教育话语传播活动的变迁离不开广大受教育者这一重要内驱力量，他们的话语需求状况不断动态化推进，从而推动了话语传播的不断演变。当前，伴随着时代的进步和社会经济结构的深刻变革，意识形态领域呈现出多元共存态势，并对当代大学生形成较为广泛且持续深入的影响力。自改革开放以来，随着以西方国家为主要代表的各色文化样态与思潮形态的涌入，我国思想文化领域所面临的形势变得更加错综复杂，多元文化形态的共存已成为常态，而在社会主义文化大繁荣与多重文化影响的背景下，文化信仰危机也不可避免地随之而来。同时，由于受多元意识形态的渗透以及网络技术的迅猛发展，当代大学生群体呈现出多元化特征。在这样的文化背景下，高校的广大受教育者在政治立场、价值观念和思想观念等方面容易产生动荡和偏离。这就需要通过对当代大学生群体的心理分析来实现有效引导和疏导。在社会发展的进程中，高校培养的学生心理素质相较于以往更容易出现问题，因此需要在教育层面上进行优化。为了有效提升高校众多受教育者群体的心理承受能力，就需要通过积极创新的方式对当代大学生的意识形态进行引导，使之形成正确的价值观。随着高校广大受教育者内在动力的推动，高校思想政治教育话语传播的基本内容也得到了相应的调整，包括理想信念教育、爱国主义教育以及心理健康教育等一系列新的话语内容得到了广泛传播。在当今高校广大受教育者"网络化生存"的背景下，随着新时代语境的到来，受教育者的话语需求已经超越了传统的文本化教材所能涵盖的范围。在高校思想政治教育话语传播体系中，受教育者的话语需求作为内在驱动力，而以网络伦理、媒介心理、互联网使用规范等为核心的话语传播内容则为其注入了更加丰富的内涵。

### （三）传播介体的联结力

在高校思想政治教育话语传播变迁的过程中，为了确保话语传播系统的顺畅运行，必须依赖话语传播介体层面的助推力量，以促进话语双方之间的有机联系。因此，研究高校思想政治教育叙事话语传播介体的功能及其影响因素是非常有必要的。对于高校思想政治教育话语传播而言，主要涵盖了话语传播的方式和媒介。其中，作为话语传播主体的学生群体和教师群体，都是高校思想政治教育话语权建构的重要因素。在高校思想政治教育话语传播活动中，传播介体的动力作用体现为方法和载体等因素在话语传播过程中所发挥的助推效应。从历史来看，高校思想政治教育学话语传播的发展历程也是一部不断借助外部助力实现自身功能提升的历史。在中华人民共和国成立初期，为适应当时新政权巩固与完善的政治要求，高校思想政治教育话语传播主要依托于当时政治运动的高度集中性，以推动话语传播为主要手段。随着社会发展和时代变迁，政治运动逐渐淡出话语传播视野，而思想理论则被作为一种特殊的"知识"进行推广普及。随着政治运动在系统性思想政治教育话语传播活动中的不足得到有效弥补，政治理论课程得以成功设置，同时课程教学也成为高校思想政治教育话语传播的重要联结力量。随着时代变迁和社会发展，新媒介技术的不断革新对高校思想政治教育话语权形成巨大冲击，话语内容呈现碎片化、多元化趋势，话语传播方式也由单向度向多向性转变。当前，高校思想政治教育话语传播系统在新媒体这一典型代表的话语载体体系的推动下，获得了强劲的发展动力。

### （四）传播环境的保障力

在高校思想政治教育话语传播变迁的过程中，每一个特定时期的话语传播更迭和完善，都受到其运行依赖的特定环境因素的作用力的影响。因为高校思想政治教育话语传播的变迁需要建立在特定社会条件的基础上，并且需要在一定的环境条件下进行推进。从这个意义上说，话语传播的变迁离不开相应的外部动力因素。在其动力系统中，话语传播环境是一股不可或缺的重要助推力量，为其注入了强大的推动力。就高等教育中的思想政治教育话语传播环境而言，其所处的宏观和微观层面存在着差异。宏观环境在政治、经济和文化等多个领域营造了一种积极、正向的话语传播氛围，以实现正确的话语导向，从而确保话语传播朝着社会主义方向发展。在宏观政策的指导下，具体环境被创造出来，并在高校、家庭和社区等层面进行落实，以确保高校思想政治教育话语传播活动的顺畅推进。

高校思想政治教育话语传播变迁的四维动力并非孤立存在，而是由不同动力之间的相互作用构成的动态性和生成性为核心的高校思想政治教育话语传播变迁动力支持体系。这一系统内各要素之间的互动和协调运行，共同促进着我国高等教育事业快速健康地向前发展。高校思想政治教育话语传播活动的不断发展演进，源于不同动力之间的动态性相互作用带来的影响。所以从这种动力关系来看，教育者和受教育者之间形成了一种相互作用的动力系统，这种动力系统与话语传播介体、话语传播环境等相互关联，从而形成了一种聚合力。这种"互动"和"聚合"共同促进着高校思想政治教育话语权的提升和话语传播方式的改进。在高校思想政治教育话语传播实践中，教育双方所施加的作用力不仅对话语传播产生直接影响，同时也会对话语传播介体的选取和运用产生影响，从而进一步认识和优化话语传播环境。在高校思想政治教育话语传播变迁动力系统中，话语传播环境动力方面为动力系统中其他动力的运行提供了必要的社会条件，同时也对话语传播的建构产生了直接的影响，渗透在话语传播变迁的各个历史时期之中。通过对高校思想政治教育话语传播的四维基本动力所构成的动力系统进行动态化推进，我们在不同历史分期的基础上，不断完善高校思想政治教育话语传播内容，从而推动高校思想政治教育话语传播的变革。在这一基础上，高等教育中思想政治教育话语的传播变迁在动力层面所遵循的基本规律已经被阐明。高校思想政治教育话语传播变迁的动力体系，是由话语传播基本要素相互作用所形成的聚合动力系统，这种系统能够推动话语传播的演变。在高校思想政治教育话语传播的过程中，教育者的主导作用、受教育者的内驱力、话语传播介体的联结力以及话语传播环境的保障力相互作用，共同促进了话语传播的顺利高效推进。因此，必须从宏观角度把握这一动态过程。在高校思想政治教育话语传播变迁动力系统中，当教育者或受教育者提出对话语传播进行调整或变革的要求时，必须全面考虑作为教育主体的另一方的话语互动状态，以实现教育主体之间的协调一致，从而激发同向性的话语传播主体动力。与此同时，还必须考虑到社会意识形态领域的影响因素及现实境遇，以保证话语传播主体能够适应新的社会现状和文化思潮发展要求。高校思想政治教育话语传播活动在不同时期的调整需要与话语传播介体系统、话语传播环境系统等动力系统进行有机整合，以实现同向合力的最大化发挥。在高校思想政治教育话语传播的调整与完善过程中，教育者和受教育者之间的相互作用是至关重要的，特别是在处理变动性和稳定性之间的关系时，不能简单地强调话语的稳定性而忽略了时代语境的变化，从而导致高校思想政治教育话语传播的固化；也不能忽视历史经验的传承而仅仅关注话语的变动性，这种做法可能会导致话语传播运行变幻莫测。

## 第二节　高校思想政治教育话语传播的现状

当前，高校思想政治教育话语传播的现状呈现出一种复杂、多样化的态势，同时也存在一系列的现实问题，这些问题主要体现在话语传播主体、客体和介体等基本构成要素上，这些要素都存在一些阻碍高校思想政治教育话语传播有效推进的问题，需要逐一进行分析和探究。

### 一、高校思想政治教育话语传播主体关系有待进一步整合

在高校思想政治教育中，构建一种良性、流畅的话语传播关系，是确保话语能够顺利传播、有效内化并及时外化的重要基础。目前，高校思想政治教育话语

传播的主体关系需要进一步优化，主要体现在以下两个方面的内容上：

首先，提升高校思想政治教育话语传播主体之间的和谐度。

其次，教育者"话语霸权"现象一定程度上仍存在。

在"主体间性"教育理念的指导下，高校思想政治教育话语传播主体性层面的理论研究已经取得了一定的成果，这为高校思想政治教育话语传播主体关系的阐释提供了新的思路，并推动了一批研究成果的涌现。但是在具体的高校思想政治教育话语传播实践中，无论是"思政课"教师的教学话语实践，还是辅导员日常思想政治教育话语实践，话语传播主体关系的实际表现与理论研究层面相比，仍存在较大差距，话语双方的主体关系在实践领域依旧受到较大的传统性影响，高校思想政治教育话语传播的发展中，话语主体关系的优化仍有很大的提升空间。

## 二、高校思想政治教育话语传播内容有待进一步完善

作者认为高校思想政治教育话语传播中的客体要素主要包括任务、目标和内容等方面。高校思想政治教育话语内容是话语得以有效传播的重要基础，直接关系到高校思想政治教育话语传播目标的达成与教育实效的取得。当前，在高校思想政治教育话语传播中，话语传播内容亦面临着诸多现实问题。仅从作为高校思想政治教育话语传播内容重要构成的高校思想政治理论课话语内容来看，当前高校思想政治教育话语传播内容尚需进一步完善，具体表现为以下几个方面。

（1）高校思想政治教育话语传播内容一定程度存在"空洞化"现象。

（2）高校思想政治教育话语传播内容的吸引力有待进一步提升。

（3）高校思想政治教育话语传播内容建构中对于社会热点问题的介入度不够。

（4）高校思想政治教育话语传播内容的阐释与理解存在不足。

（5）高校思想政治教育话语传播内容一定程度上存在单一化、刻板化现象。

（6）高校思想政治教育话语传播内容建构中一定程度上呈现出滞后性。

## 三、高校思想政治教育话语传播介体有待进一步转换

高校思想政治教育话语传播方法与话语传播载体是在话语传播过程中连接教育者与受教育者的重要因素，是话语传播介体要素的重要构成成分。在这一特殊性

话语传播活动中，方法与载体运用得恰当与否，直接关系到信息传播效果的优劣。此外，思想政治教育的方法与载体问题也为高校广大受教育者所诟病，因此当前高校思想政治教育话语传播方法尚需进一步创新，话语传播载体尚需进一步优化。

**（一）高校思想政治教育话语传播方法有待进一步创新**

1. 高校思想政治教育话语传播推进中单向支配性有余而交往性不足

当前高校思想政治教育话语传播中，以单向性、支配性以及强制灌输性等传播方法为主的现象在一定程度上依然存在。

2. 高校思想政治教育话语传播表述中生硬度有余而温情度不足

目前仍有一小部分"思政课"教师在传授课程教学话语时，仅限于教材文本中的硬性知识，只是在课堂上复读教材上的内容，并没有让受教育者感到课堂灵活、轻松的氛围，只是死板地进行知识学习。这种现象导致了一些思政课"思而不悟""思而不深"甚至是"思也不明"的状况，严重影响着高校师生对该门课程的理解和接受。

3. 高校思想政治教育话语传播阐释中规范严肃有余而生动形象不足

中国共产党思想政治教育的体例与规范在传统性高校思想政治教育的话语阐释中得到了延续，同时依托思想政治教育的本质规定性要求，呈现出以思想的深刻性、内容的严肃性、形式的规范性以及意义的宏大性为主要特征的话语传播阐释形态。随着社会现代化程度的进一步提升和网络信息技术的高速推进，高校广大受教育者的话语信息接收方式正在从传统的"文字话语"向更加多样化、智能化、个性化的"图像话语"或"视频话语"转变，这使话语传播的媒介和手段变得更加智能化和个性化。在此背景下，传统性话语体系中的某些元素或部分已不适应当下大学生群体的认知和心理需求。当前高校广大受教育者的话语接受特点与传统性以"规范严肃"为基本内核的话语传播阐释形态之间存在一定的矛盾。

4. 高校思想政治教育话语传播呈现中讲解式有余而活动式不足

在当前高校思想政治教育话语传播的呈现模式中，以知识要点为中心的讲解仍然是话语传播的主要手段。在高校思想政治教育话语传播中，尽管知识要点和文件政策的讲解是一种展开形式，但过于单一的话语传播呈现方式会妨碍最优话语传播效果的实现。

### （二）高校思想政治教育话语传播载体的运用有待进一步深化

当前，高校广大受教育者的主体性、参与性和能动性等方面，正受到信息技术蓬勃发展、形态多样的新媒体载体的合理审视，这打破了以往以教育者为中心的单向性话语传播模式。微信、微博等新兴媒体形式已经成为高校思想政治教育话语传播的重要支柱，为其提供了强有力的支撑。在这一背景下，高校思政工作者要充分重视这一新型媒介环境的作用，积极利用好其优势资源并加以创新和拓展。在当前高校思想政治教育话语传播有效推进的进程中，对以新媒体为代表的一系列现代话语传播媒介的运用，需要进一步加深。

在高校运用新媒体载体进行思想政治教育话语传播的过程中，存在一种倾向，即强调信息传递而轻视交流互动。许多高校对运用新媒体载体开展思想政治教育话语的研究不够深入和全面，尤其是缺乏对如何更好地借助新媒体来实现其思想政治教育目标这一核心问题的深入探讨。一方面，高校教育主体已经充分认识到新媒体载体在思想政治教育话语传播中的价值和意义，因此积极致力于构建多样化的新媒体传播平台。另一方面，由于受多种因素的制约，部分高校对自身构建的思想政治教育话语体系缺乏足够重视。此外，一些高校的大学生思想政治教育主体机构与部门在运用各种新媒体载体形式时，未能充分关注广大话语受众的接受与回馈环节，从而限制了话语传播双方的互动性。

在高校思想政治教育话语传播方面，以新媒体为核心的现代载体在课程教育渠道中未得到充分的重视。因此，必须通过多种方式加强对高校思想政治教育的话语权建设。在高校思想政治教育话语传播方面，存在两个主要平台，其中之一是课程平台，作为面向广大高校受教育者的"主渠道"，由思想政治理论课教师作为骨干成员积极推进。其次，大学生日常思想政治教育平台致力于为受教育者的日常学习和生活实际提供思想政治教育话语传播服务，由辅导员作为骨干成员积极推进。其中，思想政治理论教育和思政实践活动是两种不同形式的话语传播方式，但它们又具有内在统一性，即都属于对人的价值取向的引领。在高校思想政治教育话语传播的过程中，辅导员和"思政课"教师群体之间形成了显著的反差，这是由于现代载体以新媒体为内核带来的影响。

### 四、高校思想政治教育话语传播环境有待进一步优化

在传统性高校思想政治教育话语传播环境中，教育者的话语环境选择具有高度的可控性，即教育者可以凭借其在话语传播中的主导地位，根据多种思想政治教育话语内容，创造最有利于高校思想政治教育话语传播作用发挥的环境，目的是最有效地促进话语传播，让广大受教育者实现话语认同，从而达到一定的话语传播效果。因此，从这个角度上来看，高校思想政治教育工作者需要对自己所处的话语传播环境进行深入探究。然而，随着网络新媒体信息技术的快速发展，高校思想政治教育话语传播的网络环境日益复杂，涌现出海量、繁杂的话语信息，这些信息未经严格筛选，质量并不可控。如何对这种不良话语进行过滤与筛选，从而最大限度地提高话语传播效率和质量，成为当下高校思想政治教育工作者亟需解决的问题。目前，高等教育机构在思想政治教育话语传播方面仍有广阔的优化空间。

第一，随着多种社会思潮话语形态的交汇，高校思想政治教育话语传播环境变得越来越错综复杂。

第二，当前高等教育机构在网络思想政治教育话语传播方面面临着全新的挑战和难题。随着信息传播媒介的多元化引入，高校思想政治教育话语传播环境正面临着来自"负能量"的强烈冲击。

最后，高校教育教学话语传播环境亟需优化，因为课程教育的各个环节都存在着顽固的问题和牵绊。

# 第三节　高校思想政治教育话语传播的基本规律与核心向度

## 一、高校思想政治教育话语传播的基本规律

思想政治教育话语创新发展的规律是对思想政治教育话语主体、话语对象、话语内容、话语形式、话语环境、话语效果等要素之间本质联系的反映和发展趋势的科学概括。自觉运用规律，因势利导，将为思想政治教育话语创新目标和原则的确立提供前提条件。

### （一）顺应—超越规律

所谓"顺应—超越规律"即思想政治教育话语主体一方面要尊重话语对象的主体作用，顺应话语对象的思想实际和接受需要，另一方面应超越话语对象原有的思想品德发展水平，向受教育者传播具有先进性、前瞻性的社会意识，选择体现时代发展趋势的特定话语引领人们的精神发展。"顺应"和"超越"是辩证统一的关系，其中，超越以顺应为现实基础，否则超越将丧失根基，而顺应以超越为目标指向，由此才能发挥话语应有的功能和作用。总之，思想政治教育话语只有遵循"顺应—超越规律"，才能帮助人在思想品德的现实基础上不断实现自我超越，使人超越自在自发的物欲追求，走向更高的生活品位和精神境界。

### （二）利益—价值认同规律

利益—价值认同规律揭示了话语对象利益认同和价值认同的辩证统一性。思想政治教育话语功能的实现，归根到底就是要促使话语对象对话语内容形成价值认同，而这种价值认同的形成又必须首先引导话语对象形成利益认同，在此基础上才能升华到价值认同。利益认同是价值认同的前提条件，要求思想政治教育话语应尊重和关心群众的利益需求、引导和满足群众正当合理的利益需要、协调利益关系，同时价值认同是利益认同的最终旨归，只有实现从利益认同向价值认同的转化，才能形成思想政治教育话语的实效性。

### （三）空间—时间协同规律

思想政治教育话语构成要素应在空间上保持结构的一致性，在时间上保持前后的连续性，这是构成思想政治教育话语效果的必要条件。

## 二、高校思想政治教育话语传播的核心向度

### （一）高校思想政治教育话语传播主体主导能动性功用的充分发挥

在高校思想政治教育话语传播中，教育者和受教育者作为主体，其在要素体系中扮演的主导或能动性功用的发挥程度，直接关系到这一独特话语传播的效果和实现程度。从整体上看，高校思想政治教育话语权是一个由诸要素相互联系相互作用所建构起来的有机系统。就高校思想政治教育话语传播的基本要素而言，

包括话语传播主体要素（教育者与受教育者）、话语传播客体要素（任务、目标与内容等）、话语传播介体要素（方法、载体与手段等）以及话语传播环境要素（网络环境、家庭环境、学校环境、社会实践环境与朋辈群体环境等），这四个方面共同构成了话语传播的基本要素。其中，教育者与受教育者是话语传播过程中最为基本且最关键的两个因素，它们之间通过相互作用、相互影响来共同决定着话语传播的有效性。在这四个方面的组成要素之间的相互关联和相互作用下，形成了一个多维度的话语传播要素关系框架。每一个维度在这个关系体系中都与话语传播效果的顺畅实现密切相关，从而对话语传播的实际效果产生影响。因此，在高校思想政治教育中，必须将这些相互联系又相对独立的元素加以整合，构建起一个有机统一的整体。在此关系体系中，载体作为话语传播介体要素的重要组成部分，与受教育者作为话语传播主体要素的重要组成部分之间存在着紧密的相互关系。同时也包括作为话语传播中介要素重要组成部分的传播者和接受者之间的互动性以及受众对媒介环境的适应性等因素之间的关联性。在话语传播的过程中，运用相关的话语传播媒介，对于广大受教育者在话语接收中所产生的影响，是积极还是消极。决定着话语传播对象和目的是否能够顺利达成。同时还包括话语传播主体与对象间相互关联以及话语传播渠道和方式本身也会影响到话语传播效果。这些皆为直接牵涉到言语传递的根本关联存在。从这个角度来说，研究话语传播过程中因其自身特性而呈现出不同形态的相互关联关系及其相互作用机制就显得尤为重要。在当前的高校思想政治教育话语传播中，我们需要注意到，形成的多维化关系并非简单的平行和对等化，而是由一系列层次分明的多维化关系构成的复杂体系。这种多层次结构主要表现为"同构"与"异构"两种类型，并且以一种相对稳定而有序的方式呈现着各自不同的特点。在此关系体系的网格中，教育者作为话语传播的主体，与受教育者同处于关系网格的核心，教育者在话语传播环节中的各种要素关系建构方面具有主导地位，而受教育者则在话语接受环节中的各种要素关系建构方面发挥着积极的能动作用，从而对话语传播中其他要素关系的形成与发展进行整体意义层面的关照。唯有这样，才能最大限度地展现高校思想政治教育话语传播所带来的积极影响。

**（二）高校思想政治教育话语传播基本要素整体效能的充分展现**

如果我们将高校思想政治教育话语传播视为一种具有动态性的系统性存在，

那么话语传播所带来的正向效果将得到最大程度的实现，这是对这一动态系统整体性功用的充分展现。从某种意义上讲，其作用大小与整个系统的效用密切相关。高校思想政治教育话语传播整体功能的最大程度发挥，取决于各构成要素的内在效能得到最优化的发挥。其中，学校场域和大学生群体是两个最基本也是最重要的组成部分。在高校思想政治教育话语传播的过程中，不同的话语传播要素呈现出各自独特的效能表现。对于教育者而言，要充分发挥其话语传播效能，必须具备主体意识，积极主动地进行话语传导，并在思想、政治、专业知识以及实践开展等多个方面具备相应的能力。

对受教育者而言，要充分发挥其话语传播效能，必须具备一定的话语接受自觉意识和相应的话语接受能力。对话语传播者来说，其自身素质和素养对话语传播效能的发挥具有重要影响。为了充分发挥话语传播内容的效能，必须将话语传播内容专注于实现话语传播目标的最大化，以凸显其在话语传播中的价值。就话语传播效果来说，其应具有较高的教育实效性，并通过有效提升学生对自身认知和实践水平的认可度而达到这一目的。同时，话语传播内容的效能，在与教育者、受教育者、话语传播目标等的相互作用中得到了显著的凸显。因此，从理论和实践两个维度来看，教育话语传播效果的充分发挥，需要以特定的话语传播形式为依托。如果话语传播的内容能够最大限度地反映话语传播目标层面的相关要求，并且能够更好地被教育者运用，那么它与受教育者的思想认识实际的契合度就会越高，从而发挥出最大的效能。换言之，话语传播内容对于教育教学工作的开展有着极为重要的作用和意义。为了充分发挥话语传播载体与方法的效能，必须确保教育者与受教育者之间的交流畅通无阻，话语传播内容的高效传递，以及话语传播目标和任务的无阻达成。因此，要想真正实现教育教学目的，必须在充分了解和掌握受教育者心理需求及认知水平等方面信息的基础上，通过各种手段提升话语传播效果。在话语传播环境中，充分发挥其效能的关键在于各种环境因素所营造的话语传播氛围与话语传播目标、内容的指向相互契合，形成高度契合的整体。

**（三）高校思想政治教育话语传播系统契合共进样态的充分彰显**

在高等教育中，思想政治教育的话语传播系统可以被划分为多个子系统，其中包括话语传导系统和话语接受系统等，这些子系统都是话语传播的重要组成部分。其中，话语传导是指教育者借助各种媒介对受教育者进行的信息传递活动。在高校思想政治教育话语传播过程中，话语传播的不断向前推进是由传导系统和接受系统之间的相互作用推动的。换言之，若二者存在着较为明显且密切的关联，那么它们之间便可以构成一个良性互动循环体系。如果话语的传递和接收系统能够相互协调，那么话语的传播过程就会达到一定的平衡状态，从而有效地促进话语的传播，最终实现话语传播的目标、任务和效果。同时，若话语传递机制与话语接收机制之间存在不协调之处，则话语传递过程将陷入一定程度的不平衡状态，从而阻碍话语传递的有效推进。因此，在话语传播过程中，话语传导系统和话语接受系统之间的契合度、不协调性、改进和完善程度以及再次契合度，意味着通过话语传导系统和话语接受系统之间的契合度共同推进话语传播过程，能否实现话语传播过程的均衡状态。

在高校思想政治教育话语传播中，受教育者内在的话语需求、话语传播主体的基本素质以及话语传播介体等因素，都会对话语传导系统和话语接受系统的契合性产生影响。只有实现二者契合并进才能更好地提升思想政治教育话语传递效果，从而为大学生提供正确而有效的引导和帮助。因此，话语传导系统与话语接受系统的契合度可以从以下三个方面得到体现，这三个方面共同促进了双方的互动和交流。

第一，在话语传播系统的契合过程中，受教育者内在的话语需求应当得到充分的激发和发挥，以促进话语的有效传递。作为一个完整的体系，高校思想政治教育的话语传播系统与话语接受体系是相互关联的统一体，两者既相互影响又相互促进。在高校思想政治教育话语传播方面，其话语传递和接收系统的构建主要聚焦于广大高校受教育者这一主要受众。因此，受教育者自身对高校思想政治教育的认知程度是影响话语传达效果及接受程度的关键因素之一。只有以高校广大受教育者的实际情况为基础，才能使他们更有效地接纳和认同话语传导系统和话语接收系统。其次，受教育主体内在话语需求是影响大学生思想政治教育话语传播方式选择的关键因素之一。教育者在话语传播过程中，紧密依托于广大受教育者内在的话语需求，以确保话语传播内容的精选、话语传播方法的巧妙运用以及话语传播载体的精准匹配。同时，受教育者亦必须充分意识到自身的主体性地位以及话语权的重要作用，并将之作为一种自觉意识加以维护与强化。从高校广大受教育者的现实生活实践出发，紧密结合其思想认识和接受心理的实际情况，话语传导系统和接受系统的运行必须充分反映广大受教育者内在的话语需求。

第二，进一步提升话语传播系统的契合度，需要充分发挥话语传播主体的基本素养在引导方面的作用。在话语传递系统中，教育者作为信息传递的主体，扮演着至关重要的主导角色。从本质上看，话语传递就是一种信息交流过程。在话语传递的系统中，教育者作为思想政治教育信息传递方案的制定者、信息传递活动的组织者和实施者，在具备基本素质（如思想素质、政治素质和理论素质等）的前提下，通过确立话语传递目标、任务、内容和方法等，对整个话语传递体系的价值和逻辑方向进行审查。同时，在话语接收系统中，信息选择、接受、认同和内化等基本素质，直接决定了受教育者作为思想政治教育信息接收的主体产生的实际效果。

第三，介体元素在话语传递系统中的联结与协调作用应当得到充分的发挥。从这个意义上讲，话语传播介体间的良性互动是增强话语传播效应的关键所在。在话语传导系统和话语接受系统中，高校思想政治教育话语传播介体扮演着重要的中介角色，促进教育者与受教育者之间的联系和作用。它是连接二者间相互作用机制和反馈调节过程的中介环节。在另一个角度看，话语传播媒介的有效干预，使话语传播主体、话语传播内容以及话语传播环境之间的各个方面得到了有效的协调，从而直接影响了话语传导系统和话语接受系统的有效运作。

**（四）高校思想政治教育话语传播主要环节运行效果的充分挖掘**

在高校思想政治教育话语传播的过程中，涉及多个阶段和环节之间的相互作用，这种交互作用是多方面的。话语传播的成败，直接取决于其主要环节的运转状态。在当前新媒体时代下，如何通过提升话语传播各环节运行质量来有效地增强大学生对高校思想政治教育的认同和接受，是一个亟待解决的问题。在话语传播的过程中，必须深入挖掘主要环节的运行效果，以确保其最大化的发挥。

第一，要确保话语传播的各个关键环节得到充分而有效的运转。话语传播过程的各个环节都是有机联系并相互作用的整体。高校思想政治教育话语传播的不同阶段，涉及多个话语传播环节，这些环节相互交织，共同构成了话语传播的复杂网络。其中，话语传播过程中各环节之间有着相互制约和联系。在话语信息发出前的准备（编码）阶段，需要确立话语传播目标、选定内容、分析不同受众的特征、进行话语信息编码处理以及传递话语信息等多个环节。话语信息编码是话语传播过程中的重要环节之一。另外，在话语信息传递（发码）的过程中，需要进行词语和句式表达的选择、运用话语传播方法和手段、规避话语传播噪音以及关注话语传播环境等多个环节。再者，在话语信息接收（译码）的过程中，涉及多个环节，包括受教育者对话语信息的表面认知和深层理解、受教育者对相关教育信息的接收以及特定信息的反馈。这样一来，为了充分有效地推进高校思想政治教育话语传播，必须首先确保话语传播的各个环节得到充分而有效地展开。在高校思想政治教育话语传播的过程中，若存在任何一个或多个环节的缺失或不充分运行，那么话语信息的发出、传输和接受阶段就会出现一定程度的不完整性和不充分性，从而导致良好的话语传播效果难以实现。

第二，话语传播中核心环节的接续运行。由于高校广大受教育者对相关教育信息的接受具有长期性、反复性和复杂性特点，话语传播的充分性需要话语传播环节反复运行，形成循环往复的话语传播链，以确保话语传播环节的充分有效运行。

# 第四节　高校思想政治教育话语传播的主要原则与多维关系

## 一、高校思想政治教育话语传播的主要原则

任何创新实践活动都必须遵循一定的基本原则，基本原则的确立，为思想政治教育话语的创新发展提供了重要的行动指南。要确立并正确运用思想政治教育话语创新的原则，首先必须明确原则确立的依据。由于思想政治教育话语创新原则是对话语发展规律的反映，规律和规律体系决定了原则和原则体系，只有反映思想政治教育话语发展规律的原则，才是正确可行的原则。由此，思想政治教育话语发展的客观规律为确定思想政治教育话语创新原则提供了科学的理论依据，是推动思想政治教育话语科学、有效运行的核心和关键所在。思想政治教育话语创新不是简单随意的主观活动，需要遵循特定的规律，需要高屋建瓴，更需要统筹兼顾，才能坚守正确的航道，否则有全盘崩塌的危险。

因此，以指引话语创新的路标。依据"顺应—超越规律""利益—价值认同规律""空间—时间协同规律"，我们确立了思想政治教育话语创新的四个基本原则。

### （一）中国立场与世界眼光相结合的原则

所谓中国立场与世界眼光相结合的原则，就是在思想政治教育话语创新的过程中既要体现中国自身的态度、观念和方法，又要有展望世界的胸怀、视野和境界，保持中国立场和世界眼光是辩证统一的。虽然二者内涵不同，对话语创新的作用不同，但又密切联系、相辅相成。中国立场是思想政治教育话语创新的前提和基础，世界眼光是思想政治教育话语创新的拓展和延伸。话语缺乏中国立场，容易造成"人云亦云"，话语缺乏世界眼光，容易造成自我封闭，都无法实现话语的创新发展。

因此，思想政治教育话语创新要在中国立场和世界眼光有机结合中实现。

所谓"中国立场"，其核心就是坚持以马克思主义理论为指导思想，牢牢把握社会主义主流意识形态话语权，以保证话语创新不会偏离正确的航道。话语创新要求我们要聚焦中国问题，关切中国利益，"盲目崇外""盲目借鉴""盲目创新"无法思考和解决中国存在的现实问题。

要建立话语创新的中国立场，首要任务是运用马克思主义的世界观和方法论，对于当前我国思想政治教育的现状、问题、特点和发展趋势提出自身的分析和判断，而不是追随他国的观点。为了形成话语的中国风格、中国气派，思想政治教育话语创新要以中国立场为前提基础，自觉摒弃跟从西方话语的惯性思维。

思想政治教育话语以中国立场为立足点，并非意味着要时时刻刻说好话、唱赞歌。思想政治教育话语还要有登高望远、胸怀全局的世界眼光，从中国根本利益和长远利益出发，形成国际化的战略视野，否则思想政治教育话语创新无法取得长足发展。话语主体既要善于表达自己，也要了解话语对象的语境，才能实现沟通和对话。尤其在当前全球化日益加深的今天，我国作为正在崛起的发展中国家，正稳步迈进国际舞台中心，世界范围内文化的交流和对话将更为频繁，一个国家只有赢得话语权才能赢得发展。在面对全球道德伦理问题时，我们需要主动出击，树立理论自信，用中国特色的学术话语体系解释全球化带来的诸多问题，切实提高中国设置国际议题和制定国际规则的话语水平。思想政治教育话语要从整个世界的文明成果中汲取精华和养分，探寻中西话语体系的相通之处，以世界眼光增强对外传播中话语的影响力。

### （二）观念变革与范式转换相统一的原则

思想政治教育话语创新的成功，不仅取决于话语观念的变革，更在于话语范式的转型，这是观念变革和范式转换统一的基本原则。强调话语主体自觉革新滞后的思想观念，以摆脱脱离实际、生硬灌输的说教式话语方式，实现向更加贴近生活、个性化、多样化的新型话语方式的转型。范式转换强调话语内容要贴近现实，体现时代精神。思想政治教育话语创新的起点和原点在于观念的转变，而范式的转换则是其爆发的关键点。范式转换的实现离不开观念变革的推动，因为它能够激发并促进范式转换的发生。

话语创新的首要任务是变革思想观念，因为思想观念的变革要求用新的思维方式来分析和解决问题，新的思维方式形成带来新的话语，而新的话语反过来又促进思维方式的革新。当前，几个主要的思想误区普遍存在于思想政治教育话语之中，一是"去政治化"倾向；二是全能主义倾向；三是形式主义倾向；四是反传统主义倾向。

"去政治化"倾向指的是主张弱化、淡化或试图直接去掉思想政治教育的政治性本质，将思想政治教育直接定位于一种文化价值活动或中立性的社会工作。然而，思想政治教育话语一旦缺失了应有的价值立场，将阻碍其政治主导性功能的发挥。全能主义倾向即认为思想政治教育话语能化解一切思想领域的难题，能够让话语对象全盘接受和认同。这种思想倾向是背离实际的，因为当前人们的价值观念不可能整齐划一、完全雷同。同时，思想政治教育很多时候需要和其他工作有机结合才能发挥作用，不能单打独斗。思想政治教育者只能做属于自己工作范围内的事务，不可能做一切事务，事事都要管等于事事都不精通，也无法集中力量办大事。形式主义倾向即认为思想政治教育只是做给上级部门看的，不注重讲实话、讲管用的话。而反传统主义倾向即将思想政治教育话语视为已经过时、落后的话语体系，无法有效解决人们思想上存在的各种症结。这些思想误区直接影响着思想政治教育话语的传播，严重削弱了话语的应有力量。因此，思想政治教育者要自觉实现思想观念的变革，避免陷入思想误区之中。

同时，人类科学史的实践发展表明，科学的发展进步依托于研究范式的优化。思想政治教育话语创新依赖于研究范畴、研究视角和研究方法的更新，库恩将包括思维方式、概念范畴、研究视角、研究方法、学术共同体等称之为"范式"，并认为学科的创新发展必须依赖于"范式转换"，是"范式转换"的过程和结果。因此，仅仅依靠观念变革还远远不够，思想政治教育话语要实现突破，必须改变说教式的话语范式，具体体现为从研究概念、研究方法、学术共同体等不同层面实现范式转换。值得注意的是，思想政治教育范式转换不是一蹴而就的，随着社会发展中不断涌现新的社会问题和理论困境，思想政治教育范式转换呈现出"否定之否定"的发展趋势，才能从根本上推动着思想政治教育话语的创新发展。

### （三）继承传统与追求现代相融合的原则

所谓继承传统与追求现代相融合的原则，就是在思想政治教育话语创新的过程中既要体现中国传统德育话语的精华，又要追求承载现代思想、审美意蕴和时代气息的现代化话语。继承传统和追求现代是辩证统一的，虽然二者内涵不同，但紧密相关、相辅相成。继承传统文化中德育话语精华是思想政治教育话语创新的基础，追求现代是思想政治教育话语创新的方向。中华文明博大精深，我国传统德育思想和话语具有特殊性和民族性，而现代化的德育思想和话语是具有普遍性和世界性。缺乏对传统精华的有效继承，思想政治教育话语创新将丧失民族根基；缺乏现代化的发展方向，当前思想政治教育话语存在的弊端无法根除。因此，思想政治教育话语创新要在继承传统和追求现代二者的有机融合中实现。

目前，思想政治教育话语从传统话语资源中汲取话语力量不足，主要源自于对传统文化所蕴含的丰富内涵和当代价值认识不到位。"思想政治教育"这个概念本身就是独具中国特色的话语，思想政治教育作为本土独创的学科，具有浓厚的中华文化底蕴。继承传统文化中思想政治教育的话语精华是思想政治教育话语体系创新的基础，一旦缺乏对传统精华的有效传承，思想政治教育话语体系的创新将丧失民族根基。

### （四）理论创新与实践探索相互动的原则

所谓理论创新与实践探索相互动的原则，就是要在实践发展过程中促进理论创新，同时要依托理论创新推动实践的探索，使得理论研究与实际工作实现互动发展、理论创新成果与实践探索成果实现融合发展。

理论创新和实践探索是辩证统一的，共同构成了思想政治教育话语创新两个不可或缺的助推力量。虽然内涵不同、发挥作用不同，但密切联系、相辅相成。理论创新是思想政治教育话语创新的内在灵魂和前进方向，实践探索是思想政治教育话语创新的发展动力与实践基础。没有理论创新，思想政治教育话语创新将缺乏思想先导；没有实践探索，思想政治教育话语创新将无所依附。因此，思想政治教育话语创新要在理论创新与实践探索的互动作用中实现。

思想政治教育话语创新不仅是一项重要的理论课题，也是一项重大的实践课题。要实现理论创新首先要从保守禁锢的思想观念中脱离出来。我国改革开放的实践历程证明，思想解放成为触发理论创新的导火索。此外，思想政治教育话语的创新发展，必须依赖于在实践过程中的不断摸索。在中国革命和建设实践中，中国共产党人不断形成新观念、新思路、新方式、新方法，为推进思想政治教育话语创新发展提供了扎实的实践基础与强大的内在动力。尤其是建党百年以来，中国共产党在革命和建设中不仅积累了丰富的历史经验，而且总结了深刻的历史教训。在历史发展进程中，中国共产党所提出的思想政治教育话语成为战争取得胜利的精神动力。在不同的历史时期，"思想政治工作"这一概念话语的内涵和表述大不相同。从"思想工作"到"政治工作"再到"思想政治工作"的话语演变过程，体现了中国共产党在实践中对思想政治工作的认识日渐成熟。相比实践经验，实践教训给思想政治教育话语创新发展带来更深刻的反思，思想政治教育实践领域失败的教训深刻地启示着我们，思想政治教育话语必须以维护人民群众的根本利益为立足点，才能调动人们主动参与思想政治教育过程的积极性和创造力。而脱离人民群众实际利益的话语，无法有效说服群众，也无法真正实现"理论掌握群众"。

## 二、高校思想政治教育话语传播的多维关系

### （一）政治性与思想性的关系

新时代高校思想政治教育话语传播中，要对政治性与思想性的关系予以正确处理。

在这期间，政治性作为这一关系中的首要前提与核心基础而存在，对于话语传播的基本性质、主要方向与核心内容等予以精准定位。与此同时，思想性又作为话语传播顺利推进的重要保障而存在，同时对于话语传播政治性的充分彰显能起到十分积极的维护功用。因此，政治性与思想性在这一具有特殊性表征的话语传播关系体系中相互关联，彼此间不可或缺。如若缺失政治性，话语传播的发展将会失去正确的政治方向、政治立场与政治原则等有效引领，使得话语传播中不可避免地发生基本方向的偏离与基本内容的偏题。反过来，如若缺失思想性，话语传播的发展将会因内容上的枯燥、方法上的僵化与形式上的单一等问题而无法得到实质性的推进。

由此看来，新时代高校思想政治教育话语传播中有关政治性与思想性的关系建构，要求对两者间的相互关系进行正确的认识与精准的把握，在话语传播中力求两者间的有效协同、科学对接与有机融合。具体而言，一方面，要力避话语传播中一味注重政治性而在无形中对于思想性的忽略。基于高校思想政治教育所具有的鲜明的政治性表征和意识形态认同特性，有为数不少的教育者在以课堂为主渠道进行话语传播过程中，大多会将政治性作为话语传播的核心衡量点，在话语内容的选取与使用层面无形中会呈现出对于政治性的过分倚重。在此情形下，有一些教育者在话语传播中将政治性的集中体现片面化地认为是对于课程教材内容"原汁原味"的遵循，这种没有融入一定思想性的话语，在受教育者中间很难获得充分而有效的接纳、认同。另一方面，在话语传播中也要力避一味注重思想性的充分展现而在无形中对于政治性的忽略。话语传播中的思想性展现，究其本质意涵而言，其在于进一步保障话语传播本质规定层面政治性的充分有效彰显，意即政治性作为话语传播的重要基础而存在，在话语传播中强化思想性，是为了进一步强化并巩固政治性，并非对于政治性力量的削减。

作者认为，对于新时代高校思想政治教育话语传播中政治性与思想性的关系处理，要立足话语传播实践，将两者加以有效统合。诸如在当前的话语传播实践过程中，可以将具有浓重思想性的故事讲述同具有鲜明政治性的主导价值有机结合，在话语传播中，要善于对内容资源加以深度挖掘，以丰富多样的故事讲述为依托，通过富含思想性的"中国故事"来澄明深蕴政治性的"中国道路""中国理论"与"中国制度"。

### （二）文本化与生活化的关系

新时代高校思想政治教育话语传播中，要对文本化与生活化的关系予以正确处理。

一方面，教育者面向高校广大受教育者所进行的思想政治教育话语传播，要将课程教材、教育文件以及辅导材料等诸多文本作为基本的遵循，这是在核心内容层面保障教育传播正向效果最大化的重要"底线"。另一方面，高校思想政治教育话语传播的根本目的在于使广大受教育者实现话语接受与认同，意即要使话语信息"入脑""入心"。这就要求在话语传播中要充分考量高校广大受教育者的话语接受情况，善于灵活运用为受教育者所喜闻乐见的话语传播形式。具体到高校思想政治教育话语传播实践中来看，话语传播中时时刻刻都要把教材、文件等文本化话语内容作为根本遵循，不能对于这些基础性文本内容发生偏离，这可谓是高校思想政治教育话语传播区别于其他一般意义上的话语传播活动的突出特点。与此同时，以文本化为核心表征的课程教材话语抑或文件话语等，其本身又具有诸如规范化、逻辑化、程式化以及体系化等诸多特性，而高校广大受教育者立足日常生活实践所接触到的话语则具有诸如通俗化、零碎化、随意化以及弥散化等诸多特性。当高校广大受教育者面对以文本化表述为主线的思想政治教育话语时，往往会由于其同自身生活实践中的话语巨大差异而感到无所适从，进而直接影响传播效果的优劣。

基于此，作者认为，在新时代高校思想政治教育话语传播中的文本化与生活化的关系处理方面，要积极着力于文本化话语与生活化话语间的有效融合，积极关注话语传播中对于高校广大受教育者所熟知的日常传播形态的关照，以此赋予这一特殊性话语以浓郁的生活化因子。作为教育者而言，在以教材、文件等文本化话语内容形态作为基本遵循的同时，在话语传播中对广大受众的日常生活实践给予高度关注，以受教育者喜闻乐见的形式进行话语传播活动，可以有效化解教育双方在话语传播中的隔阂感，从而使得所传播的话语内容更为贴近广大受教育者的社会日常生活实际，更为契合广大受教育者的话语接受习惯与接受心理，最大程度上化解教材、文件等文本化话语内容在传播过程中的疏离感，进而不断提升话语传播效果。诸如在具体的话语传播实践中，要善于依托教材、文件等文本化话语内容，运用故事引入、问题引入等多种形式来进行话语传播内容的"再造"，意即在对前面所提及的文本化话语内容基本思想内涵加以牢固坚持的前提下，不断推动话语传播内容与时代对接，与受众对接，使得所传播的话语内容更为清新、通俗、易懂。这样一来，非但以教材、文件等为内核的文本化话语内容的思想主旨能够得到完整性传导，同时也有助于高校广大受教育者更好地进行话语接受与认同。由此看来，新时代高校思想政治教育话语传播中，既要集中体现教材文本中的教育要求、传播主旨与根本意涵，同时又要合理关照生活实践中不同受众个体的话语接受习惯、接受兴趣与接受能力。

### （三）创新性与底线性的关系

一方面，新时代高校思想政治教育话语传播中，要着力破解高校广大受教育者在话语传播活动中所呈现出的"抬头率"低、"参与率"低、"接受率"低以及"认同度"低等一系列话语传播低效问题，以"满足学生成长发展需求和期待"。在此情形下，话语传播的创新性就显得尤为必要，意即创新思想政治教育话语传播是其现代发展的一个重要方向，同时也是话语传播吸引力聚集、亲和力提升以及针对性体现的核心性驱动向度。

另一方面，新时代高校思想政治教育话语传播中创新性的发挥需要在一定的限度内，意即话语传播的底线性。当前话语传播中，有部分教育者一味"求红"，广泛运用留存于网络虚拟空间中的网络话语进行思想政治教育话语传播，这样一种话语传播样态固然能够符合乐于接受新鲜事物的广大受教育者的话语接受需求，但这种以一味迎合受教育者为内核的话语传播中，所传播的话语内容思想内涵缺乏，仅仅停留在对于广大受教育者感官层面的愉悦而非思想认识层面的触动，在一定程度上呈现出"泛娱乐化"倾向，高校广大受教育者在这样一种为片面追求创新而形成的"泛娱乐化"话语传播中无法获取真正符合思想政治教育要求的相关话语信息，自然也就无益于其自身的成长与发展。由此看来，新时代语境下，高校思想政治教育话语传播的创新性建构过程中也要有一个合理的"度"，要在一定的范围之内，即所谓底线性表征的呈现。

基于此，作者认为新时代高校思想政治教育话语传播中，要正确处理创新性与底线性的关系。具体而言，所谓话语传播创新性，是有底线性的创新性，意即无论话语传播进行怎么样的创新，都需要在一定的底线规约下进行，不能越过底线进行任意发挥。诸如当前话语传播中的"泛娱乐化"现象即是对于话语传播底线性的逾越，这种情形下的创新一方面仅仅聚焦于话语传播短期吸引力的考量，缺乏长远性的分析研究，对于娱乐化路径"失效"后的考量较为有限。另一方面则因为具有"泛娱乐化"色调的话语内容往往在一定程度上会削弱马克思主义意识形态体系的主导性与系统性，进而背离思想政治教育话语的基本内涵与根本价值。基于此，作者认为在新时代高校思想政治教育话语传播中，要牢固坚持适度原则，在遵循一定的底线性前提下着力于话语传播创新性的充分有效发挥。具体到话语传播实践中来看，可以不断创新话语传播的方式与手段，以此提升话语传播中的"娱乐性"（非"泛娱乐化"）。诸如可以立足中国实际运用一些故事化叙事切入方式进行话语传播活动的开展，既坚持了话语传播的底线性，立足中国实际坚守正确的政治方向与政治原则，同时也以娱乐化的话语表述形式使广大受教育者乐享话语传播内容，进行了创新性的充分展现。

### （四）科学性与艺术性的关系

一方面，新时代高校思想政治教育话语传播中，科学性必不可少。所谓话语传播的科学性，一是对于话语传播内容正确性、真理性的坚守，意即善于从社会实践视角对马克思主义的立场、观点以及方法等加以认识和理解，进而真正把握马克思主义的基本内涵。二是对于话语传播规律的正确认识与把握，意即在面向高校广大受教育者进行思想政治教育话语传播的过程中，要善于把握话语传播活动的一般规律，善于把握思想政治教育这一特殊的话语传播活动的基本规律，善于把握高校广大受教育者的话语接受规律。

另一方面，新时代高校思想政治教育话语传播中，如若仅仅依托科学性的显现，仅仅凭借"科学"来进行话语传播基本要素的建构，进行话语传播关系的处理，进行话语传播过程中纷繁复杂的关系应对，进行话语传播中各类问题矛盾的化解，会在一定程度上使话语传播呈现出诸如僵硬化、刻板化现象，这使得话语传播的效用发挥难免在一定程度上产生局限性。由此看来，就高校思想政治教育话语传播而言，科学性不可或缺。

然而，就话语传播的主要对象来看，其为作为有生命的个体而存在的受教育者，仅仅依托科学性的展现亦无法获得优质的话语传播效果，还需要艺术性的合理融入，以实现受教育者对于话语传播内容的更好接受与认同。诸如对于话语传播中教育双方关系的处理而言，话语传播科学性建构只是对于研究该问题的基本理念、原则以及方法等有效供给，而作为处于话语传播主导性地位的教育者而言，要善于着力于对上述理念、原则抑或方法等灵活化、创造化运用的思考，即充分发掘话语传播的艺术性特质，积极创设轻松、愉悦、民主、高效的话语传播关系。又如话语传播过程中面对受教育者的话语接受、认同困惑时，在坚持科学性的基础上，具体如何对个别受教育者展开话语引导，具体选取什么样的视角，持什么样的态度，运用什么样的语气、语音与语调等，均需要话语传播艺术性的充分有效彰显，以此实现对于话语传播中科学化理论的灵活性把握与创新性运用，进而更为全面系统地把握高校广大受教育者在话语传播过程中的接受状态，使话语传播更具吸引力、感染力与凝聚力。

作者认为，新时代高校思想政治教育话语传播中，要正确处理科学性与艺术性的关系。具体而言，首先，话语传播艺术性要以科学性作为基础与前提，要在坚持向高校广大受教育者传播马克思主义科学理论体系的前提下，进行话语传播展现形态等层面的艺术性建构。其次，话语传播科学性要通过艺术性来实现其固有话语价值的充分显现。如若在话语传播中仅仅有科学性话语内容的平铺直叙，高校广大受教育者会认为平淡无奇，难以激起其内心深处的话语共鸣，话语传播的应有价值也就无法得到充分而有效的呈现。因此，话语传播科学价值的充分彰显并非其内容本身具有科学性就可以做到，要在坚持内容科学性的前提下，紧密结合高校广大受教育者的基本特点，在话语传播形态、表现手法、叙述风格以及展开方式等方面进行艺术化再造，让插上艺术性翅膀的话语传播内容"飞入寻常百姓家"，以此进一步彰显话语传播内容的科学价值。

# 第四章 校园文化建设与大学生素质的培养

本章主要从六个方面进行阐述，分别是校园文化建设与大学生素质培养的内在联系、校园文化建设与大学生素质培养的系统观、校园文化建设与大学生政治素质的培养、校园文化建设与大学生道德素质的培养、校园文化建设与大学生体能素质的培养、校园文化建设与大学生心理素质的培养。

## 第一节 校园文化建设与大学生素质培养的内在联系

校园文化建设热潮的出现不是偶然的，它是中国文化发展的深化，更是中国教育体制改革深化的需要和体现，是我们高举习近平新时代中国特色社会主义思想理论的伟大旗帜，贯彻党中央的教育思想和我党的教育方针，培养面向现代化、面向世界、面向未来的跨世纪的社会主义建设者的需要。

时代呼唤改革旧的应试教育和专才教育模式，时代需要我们建立一种新的教育模式即素质教育。而加强校园文化建设是实施素质教育的重要途径和方法。

### 一、大学生素质培养的教学模式——素质教育

#### （一）素质教育的概念

我国 1997 年 10 月 29 日颁发的《关于当前积极推进中小学实施素质教育的若干意见》中指出："素质教育是以提高民族素质为宗旨的教育。它是依据《教育法》规定的国家教育方针，着眼于受教育者及社会长远发展的要求，以面向全体学生、全面提高学生的基本素质为根本宗旨，以注重培养受教育者的态度、能力，促进他们在德、智、体等方面生动、活泼、主动地发展为基本特征的教育。素质

教育要使学生学会做人、学会求知、学会劳动、学会生活、学会健体和学会审美，为培养他们成为有理想、有道德、有文化、有纪律的社会主义公民奠定基础。"这段话是目前我国关于素质教育这一概念最具权威性的解释。它明确规定了素质教育的根本宗旨、培养目标、教育内容和基本特征，是我们当前和今后实施素质教育的指针。

### （二）素质教育是科学的教育模式

素质教育之所以具有科学性，是因为它与当今科技革命浪潮中世界教育改革的主流趋势不谋而合。现代科学技术是推动当代教育变革的主要动力之一。当今世界经济与政治格局发生重大变化，国际的竞争日益激烈。随着现代科技革命浪潮的涌现，人类社会的各个角落都被冲击着，这场变革深刻地改变了社会的生产和生活，同时也为教育带来了发展的机遇。世界各国都在根据各国实际，研究对策，发展教育，培养人才，以使自己的国家和民族自立于世界先进民族之林。当今世界各国都认识到，各国间激烈的政治、经济、军事、科技的竞争，归根到底是人才的竞争，是教育的竞争。

素质教育之所以具有科学性，是因为它是对我国教育实践经验教训的深度总结和归纳，符合我国国情和社会主义现代化建设的迫切需求。我国是世界上最大的发展中国家，是社会主义大国，处于社会主义初级阶段，党在现阶段的基本路线是要以经济建设为中心，坚持四项基本原则，坚持改革开放，为把我国建设成为富强、民主、文明的社会主义现代化国家而奋斗。我们过去的应试教育和照抄苏联专才教育的实践，更培养不出大批的适应社会主义现代化建设急需的综合素质的人才。为此，必须尊重知识，尊重人才。经济建设依靠科学技术，科学技术工作必须面向经济建设。

素质教育也是遵循教育发展规律的教育。古人云："修道之谓教。""以善先者谓之教。""教，上所施，下所效也。""育，养子使所善也。"因此，我们可以得出，教育是对人实行某种引导，对人力量的一种促进，对人经验的改造等。教育对象是人，人是自然属性和社会属性的统一。素质教育是既重视书，但更重视人；既重知识，但更重能力；既重视生存，又重视发展；既重视继承，又重视创新；既重视教师，又重视学生；既重视求知，更重视做人；既重视现在，又重视将来；

既重视学校，又重视社会。这就从育人基础、育人结构、育人环节、育人环境、育人功效等方面，揭示了教育发展过程中诸因素内在的本质的必然联系，使我们的教育，我们的教育者，我们的教育对象，我们的学校和社会都能健康、持续地发展。

## 二、加强校园文化建设，能够有效促进素质教育

实施素质教育是一项复杂的、艰巨的系统工程。这需要全社会的通力合作。近几年来，党和政府十分重视学校的素质教育问题，最近国家教委提出了实施素质教育的十项措施，即加强薄弱学校建设，建立完善课程体系，建立督促评估体系，改革升学考试制度，改进学校德育工作，加强师资队伍建设，开展区域教育实验，加强教育科学研究，奖励优秀教学成果，大力调整教育结构等。落实这些精神，其中重要一环就是要加强校园文化建设。

### （一）加强以价值文化为主的校园精神形态文化的建设

正如先前所述，校园文化的核心在于其以价值文化为主导的精神形态文化。那么如何建设一个具有特色的、富有时代精神的校园精神形态？这涉及校园人的世界观、人生观、价值观以及思维方式等多个方面，这些方面都是我们需要深入思考和探究的。这些都直接或间接地影响着学校工作与学生学习。随着时代的发展，我们需要逐步实现从应试教育向素质教育的转型，而首要的挑战则在于转变教育的核心价值观。因为教育价值观直接影响着学校对学生进行全面素质培养和提高的方向与效果。人们的行为受到其观念和思维方式的支配，缺乏教育价值观的根本转变，缺乏解放思想和实事求是的精神，无法从陈旧的、落后的教育观念中解放出来，无法站在历史发展规律的高度，无法真正审视教育现状，无法确立现代的教育观念，无法认识到加强素质教育对于我们的民族、国家、现代化建设以及未来的重要性和紧迫性。

### （二）加强知识形态、制度形态、组织形态和行为形态的校园文化建设

我国的教育改革，特别是高等教育的改革，需要在规模、结构、质量和效益等方面实现有机统一，以达到更高的教育质量和效益。这不仅是为了适应社会主

义市场经济发展的需要，而且也是提高国民素质、促进经济增长方式转变的要求。因此，进行体制变革是至关重要的。高校管理体制，就是在一定的组织形式下所形成的管理职能及其相互联系、制约的制度体系。教育事业的机构设置、隶属关系以及职责权限等方面，都受到体制的影响。教育体制是由一系列相互联系和制约的制度构成的有机整体。学校和教育部门与社会、政府之间的关系，是教育系统内化社会需求、适应社会需求的中枢，也是教育改革的指挥棒，体现了二者之间的紧密联系。因此，要深化教育体制改革必须首先从理顺教育体制入手。我国现有的教育体制是在过去高度集中的计划经济体制下形成的，各级政府直接办学校、管学校，包得过多，管得过死，学校缺乏主动适应社会的办学活力和面向社会办学的自主权；结构不合理，单科性、行业性强的学校过多，专业重复设置过多，办学效益不高。教学的各个环节，特别是人才培养模式、教学内容、教学方法、教学手段等都直接关系着我们能否由应试教育和专才教育转向素质教育。教改的问题主要是教员的问题，教员的教学态度、敬业精神、教学目的的设定、教学内容的组织、教学手段的改进等。这支教育的主导队伍如何引导，对实施素质教育至关重要。

**（三）加强校园物化形态建设，为实施素质教育提供坚实的物质基础和良好的育人环境**

为了满足学生的求知需求，教室、图书和设备都是必不可少的资源；为了实现学生的运动需求，必须提供适宜的运动场地和器材，以促进身体素质的提升；为了培养学生的品德和能力，必须建立一定的实践基础，以确保他们在实践中得到充分的锻炼和提高；为了培养学生高尚的情操，必须提供一个优越的环境，让他们在其中接受熏陶。因此，校园环境对人的影响是潜移默化而又深刻持久的。校园内的建筑、文化设施、科研仪器、学习环境以及绿化美化等各种物化形态，为广大师生提供了一个充满学习、研究、生活和娱乐氛围的场所，这些环境不仅能够感化人、教化人，更能够激发人们的创造力。人类对环境进行改造，而环境又对人类进行改造。

# 第二节　校园文化建设与大学生素质培养的系统观

## 一、校园文化建设与大学生素质培养的系统性

### （一）校园文化建设系统的目的性

通过校园文化建设提高大学生的素质，这是个开放的大系统，它比校园教学系统、行政系统、后勤系统、保卫系统、思想政治工作系统都要复杂得多。因为校园文化是校园对内的凝聚力和对外的竞争力的文化聚合场，是校园物质文明和精神文明的综合反映。校园文化建设既包括外层的物化形态文化的建设，又包括中介层的制度文化、行为文化、组织文化、知识文化的建设，更包括和围绕着核心层的校园精神价值文化建设。

从系统的角度看校园文化建设，首先要确定校园文化建设的目的性，系统的目的和要求既是建立系统的依据，也是系统分析的出发点。系统的目的不明确，必然导致运行的盲目性、无序性，降低系统的可靠性。要确定系统的目的，又需要考虑系统的整体性、全局性、长远性和最优化。

校园文化建设的目的在于通过各种校园文化活动，优化学校环境，提高文化素质，展示精神风貌。说到底，学校的一切工作都围绕着转变人的思想，使每个学生以及教师员工更加社会化和现代化。面向现代化，面向世界，面向未来，培养全面发展的"四有"新人是校园文化建设的目标。这是校园文化建设的整体性、全局性、长远性和最优化的体现。

现代化不仅是经济建设的目标，也是文化发展的目标，还是一个客观的历史过程，是社会或人的现代特性发生、发展的动态过程和现实活动，是人类社会在现代所发生的巨大变迁。社会的现代化与人的现代化有着密切的联系，前者决定后者，而后者又反作用于前者。人类的现代化和社会的现代化是相互依存、不可分割的历程。社会现代化与人的现代化之间存在着密切的关系，二者相辅相成、相互制约、相互促进。社会现代化是一个广泛而深刻的变革，它涵盖了经济、政治、国防、科技、教育、生活和环境等多个领域；人的现代化则主要表现为人们思想观念和思维方式的变革以及由此引起的行为模式及价值观念的改变。人类的

现代化是一种普遍而深刻的变革，它涉及人类观念、素质、能力、活动、交往和享受等多个方面。现代化的实现，在很大程度上取决于人的素质。

### （二）人的素质的系统性

应该看到，人的素质也是一个整体的、动态的系统。提高大学生的政治素质和道德素质，重在确立科学的世界观、人生观和价值观。因为世界观、人生观和价值观的不同，决定了人们观察世界、处理主体与客体、个人和他人、个人和社会关系的立场和方法，决定了对人生目的、人生意义、人生价值的看法，决定了对一定价值关系的选择、取舍的意向和态度，指导着人们有不同的行为。当代青年学生作为社会的特殊群体，由于他们的年龄特征，特别是受当前社会政治、经济、文化等方面的影响，他们的世界观尚不成熟，还有很大的可塑性；他们的人生观和价值观主流是积极向上的，如热爱祖国，关心国家大事，自我意识增强，重视自我价值，参与意识增强，关心集体；他们思想活跃，勇于进取，求新、求异、求变，适应社会主义市场经济的经济观念、创新观念、竞争观念、时间观念、自强自主观念、求实观念、效益观念、市场观念，但他们的人生观和价值观，又具有很强的矛盾性、多样性、实用性、功利性，如价值取向的功利化，价值主体的自我化，价值目标短期化，实现价值手段的多样化等。针对这些特点，学校的一切工作都应该在转变学生的思想，帮助青年学生确立马克思主义的世界观、人生观和价值观，在教书育人、管理育人、服务育人、环境育人上下功夫。加强校园文化建设，正是力图从各个文化层面培养学生确立科学的世界观、人生观和价值观。

当然，我们强调把政治素质和道德素质放在素质教育的首位，并不是只讲政治素质和道德素质。因为政治素质和道德素质的科学形成，就是以智能素质、体能素质、心理素质、审美素质为基础的，特别是智能素质的提高，对培养政治素质和道德素质关系极大，因为无知很难有远大的政治理想和高尚的道德。要全面落实党的教育方针，用系统理论作指导，架设素质教育的立交桥。

## 二、协调校园文化建设系统的各个要素

系统是由要素所组成的，要素与要素间的相互作用是系统发挥功能的重要因

素。把加强校园文化建设，提高大学生素质作为一项系统工程，必须抓好校园文化建设的各个要素，认真协调好校园文化建设系统中诸要素的关系。

## （一）以人为本

加强校园文化建设，必须充分确立全体教职员工和广大学生在校园文化建设中的主人翁地位。在社会主义制度下，在社会主义的校园里，全体教工，学生是国家的主人和学校的主人。全心全意地依靠广大师生才能办好学校。

我国高等学校目前的领导体制主要是党委领导下的校长负责制，党委处于政治核心和政治领导地位，校长处于行政指挥和决策地位。我们党的组织原则和政治生活原则是民主集中制，我们的根本政治路线、领导方法和工作方法是群众路线。任何时候，我们的各级领导不能忘记这一点，不能忘记我们的基础是群众。当前，随着教育体制改革的深化，各级领导特别是校长有了一定的自主权，但我们不能有意无意地把广大教职员工从主人地位变为仆人地位，削弱他们的主人翁地位，降低他们的主人翁意识，使主人翁的积极性、主动性、创造性难以发挥。实践证明，在校园文化建设中，以人为本，才能真正抓到点子上。干部的以身作则，模范带头，广大群众的积极响应，全体校园人主动性、积极性的充分发挥，各级群团组织的创造性工作，每个人的积极性的充分调动，是我们加强校园文化建设的首要一环。

## （二）以制度为中介

这里的以制度为中介，一是指校园文化建设中的制度文化建设，二是指要使校园文化建设制度化、规范化、科学化。

所有的校园管理制度都是校园价值观的具体体现。在校园文化的视角中，各种管理制度是硬性的。制度的硬性约束是保证校园各项工作顺利开展的保障。要形成科学管理体系，包括方针目标管理、岗位责任制、全面质量管理、后勤管理、学生管理、教师管理、干部管理等，使大家目标明确，职责清晰，措施有力，井然有序。要健全管理制度体系，同时还要注意行为规范体系的健全，如有的学校制定的"二线为一线服务，领导为群众服务"，以及各级各类人员的行为规范如教师规范、学生规范、学生守则、管理人员行为规范、各种奖惩制度等，像"三育人"先进奖、优秀教师奖、青年教师奖、园丁奖、优秀课程奖、三好学生奖、社会实践活动奖、艺术比赛奖、体育比赛奖、优秀党团员奖等。还有不少单位把一些行为规范编成易记的三字歌、四字歌，如江西上饶师专在开展"美化心灵"工程中，开展了系列"三讲"活动，即干部"讲学习、讲政治、讲正气"，教师"讲师德、讲师能、讲师魂"，学生"讲文明、讲道德、讲理想"，职工"讲敬业、讲爱生、讲奉献"等。河南医科大学在精神文明建设和校园文化建设中，形成了"教师行为规范四字歌""后勤职工行为规范四字歌""医学生行为规范四字歌""机关干部行为规范四字歌""医护人员行为规范四字歌"等。"教师行为规范四字歌"："钻研教材，认真备课，写好教案，尽心尽责。上课之前，对镜正冠，仪表端庄，教态肃然。课堂讲授，条理清晰，重点突出，论证严密。因材施教，教学相长，循循善诱，方法得当。严明教纪，端正考风，试题保密、阅卷公平。关心班级，爱护学生，一视同仁，人格平等。同事之间，切莫相轻，取长补短，相互尊重。学而不厌，诲人不倦，传道授业，解惑释难。教书育人，言传身教，以身作则，为人师表。教学科研，协调发展，科教兴国，勇挑重担。学高为师，德高为范，为师之本，牢记心间。"这从备课、讲课、教学、教法、考试、师生同行之间以及仪表教态等各个方面规范了教师的行为。西北大学在校园精神文明建设中实施的"3456 工程"，就是旨在通过各种文明建设活动，使学生逐步养成并做到三爱：爱国、爱校、爱专业；四讲：注重修身讲公德、尊敬师长讲礼貌、言行举止讲文明、教室宿舍讲整洁；五不：不迟到旷课、不乱扔乱吐、不说脏话、不滋事起哄、不浪费水电粮；六禁止：禁止赌博、禁止酗酒、禁止打架、禁止考试作弊、禁止破坏公物、禁止观看黄色书刊录像。这些使西北大学的基础文明有了极大提高，好人好事不断涌现。

以制度为中介，更要注意使校园文化建设制度化、规范化、科学化。前面我们已经提到，校园文化有较强的时代性、变异性、选择性、吸纳性等，它深受时代的影响，受社会主流文化的控制，受社会大众文化的冲击。校园文化自身也有正文化和负文化现象之分，如果对校园文化缺乏正确的导向，缺乏科学的组织和控制，即使是校园文化的正文化现象，也只是轰轰烈烈一阵子，水过地皮湿，都不能使校园文化建设健康发展。

### （三）以"校园精神"为灵魂

校园精神是隐含于学校师生、管理人员中的价值观念和教育观念，包含着对社会主义教育思想的认识，校园主体对学校各种活动的价值取向，校园主体对学校及其各种活动的发展和完善所表达的希望和要求，以及校园主体对学校各种活动认同和参与的情感倾向。这是一种隐形的校园文化形态，是一种良好的群体意识，是凝聚、感染职工的旗帜，属于深层次的校园文化。校园精神具有极强的价值导向作用，它把反映社会价值要求的学校价值观、教育价值观内化为自我的价值，影响和主导着师生的价值导向。校园精神在校园往往形成一种精神氛围，陶冶校园人的精神和情趣。作为一种精神力量，它规范约束人们的行为；作为一种无形的精神纽带和心理磁场，具有吸引力、向心力、凝聚力。它吸引和团结着校园人，增强着人们的责任意识、集体意识以及认同感、荣誉感和自豪感。

### （四）以校风、环境、校舍布局等塑形象

校园的形象是社会和广大群众进行评价的重要依据。一所学校，人们首先注意的是它的外部形象，如校园的选址，校园的大小，主要建筑及其布局，建筑风格和建筑色彩，校园绿化和美化等。校园的建筑和环境是一种无声的语言，它表现着学校的精神。特别是大学校园，它是人们探寻知识的宝库，是进行美的熏陶的园地，是获得至善的场所，人、建筑和环境应是有机的统一体。人离不开建筑和环境，建筑和环境不仅给人提供了学习、生活、工作的场所和空间，还以其形象给人以感染。人创造了建筑物和环境，同样，建筑物和环境也影响人。远离工业噪声的大学校园，以及校园内体现出的追求真理、奋发向上的建筑风格，适于青年长知识、长身体、立志向上的校园文化设施，因地制宜铺设草地、植树和种花，设置的喷泉、雕塑，修建的楼台亭阁，使整个校园像一座园林。在这里陶冶性情，就能更大地激发校园人的学习和工作热情，使校园人提高效率，启迪灵感，丰富思维，热爱生活，奋发向上。如我国北京大学古色古香的校门使人肃然起敬，雕梁画栋，飞檐彩釉的教学楼与现代建筑相映成趣，蔡元培等人的雕塑令人仰止，未名湖、荷花池等更有着某种优秀品质的象征，万年青、松柏、银杏，各种树木花草滴翠吐香，曲径、假山、楼台亭阁、石桌石凳使人感到幽静深远，其乐无穷。

在着力塑造外部形象时，更要注意养成良好的校风，可以说这是塑造校园文化形象的"内功"。校风就犹如一个人的气质和风度，是一个学校的师生群体在长期实践过程中逐步形成的行为风尚，是师生的思想、道德、纪律、风尚以及治学态度和精神风貌的综合反映和外在表现。校风往往通过教风、学风、考风、政

治倾向、道德风尚、治学态度、行为习惯等反映出来，是一种具有心理制约作用的行为风尚，也是影响师生群体生活的一种规范力量。近几年来，不少学校都十分重视校风建设，把勤奋、刻苦、严谨、求实、开拓、创新、进取、团结、民主、奉献等作为校风的内容去规范师生的行为，取得了一定的成绩，但校风建设具有多层次性、渐进性等特点，在校风建设中，应全面贯彻社会主义的教育方针，引导广大师生树立坚定正确的政治方向，根据各校专业特点，有重点地提出自己的校风要求。如医学院应注重树立救死扶伤的革命人道主义；师范院校应着重培养为人师表，讲师德、铸师魂，甘为人梯的无私奉献精神；政法院校的校风则应着力于培养政法大学生刚正不阿、廉洁奉公、秉公执法的高尚情操等。校风建设还要针对师生中的不良风气和倾向，通过校风建设，纠正不良倾向，引导学生确立科学的世界观、人生观和价值观，培养科学精神，养成科学态度，掌握科学方法，实现学校的培养目标，为社会培养面向世界，面向未来，面向现代化的有理想、有道德、有文化、有纪律的社会主义建设者和接班人，这才能真正树起学校的形象。塑造学校的形象是一个系统工程，它要求全员参与，如教师形象、学生形象、领导干部形象、后勤管理人员形象、机关干部形象等，都有一个外形与"内功"的统一问题，学校的每个人的言行，都与一个学校的形象有关。

## 三、校园文化建设系统的环境

系统是一定环境中的系统，系统离不开环境，系统与环境不断地进行物质、能量和信息的交换，系统与环境相互作用。加强校园文化建设提高大学生素质作为一项系统工程，它也受着周围环境的影响，不断地和周围环境相互作用。

### （一）校园文化建设的社会政治环境

社会政治环境主要是指政治制度、政治局势和政治气候。我国的校园文化建设，必须为维护我国的根本政治制度服务，为无产阶级服务。校园文化建设特别是其中的校园政治文化建设，必须与我国现阶段的社会政治文化相吻合，即必须拥护中国共产党的领导，坚定中国特色社会主义必胜的信念，坚定走社会主义道路，在思想、政治和行动上与党中央保持一致，拥护党的方针政策，巩固和发展社会主义安定团结的政治局面。

在中国共产党的领导下，我们高举习近平新时代中国特色社会主义思想这面伟大旗帜，以自力更生、艰苦奋斗的精神，致力于将我国打造成为一个富强、民主、文明的现代化社会主义国家。这是我们党带领全国各族人民团结奋斗的目标。这是方向和形象的高度统一，是民心和党心的高度统一，是民族精神和时代精神的高度统一，是马列主义的科学理论与中国特色社会主义伟大实践的高度统一。

### （二）校园文化建设的社会经济环境

校园文化建设所处的社会经济环境，主要涉及社会生产力的发展水平、生产关系的形态以及一定时期内的经济形势。在当前这个特殊历史条件下进行的校园文化建设，必须根据这一特点来考虑问题，采取正确措施，才能收到良好成效。

### （三）校园文化建设的社会文化环境

系统对待校园文化建设，首先要注意校园文化建设的系统目标和正确的价值导向，注重校园文化建设的整体性和全方位性，更要注意校园文化建设系统的动态性、层次性和可控制性。不能仅仅把校园文化看成是单纯的学生业余文化，更不能认为对之可管可不管。学校本身就是文化的产物，本身也是一种文化。校园的一切文化建设都是为培养面向世界、面向未来、面向现代化的"四有"新人服务的，校园的全体师生员工，都是校园文化建设的主体，应把校园文化建设更多地引入教学、科研、管理、服务等各种活动中。学校是社会主义精神文明建设的重要阵地，是为社会主义培养人才的园地，校园文化建设的发展应是高格调的，要唱响主旋律，注意主导文化的建设。

## 第三节　校园文化建设与大学生政治素质的培养

高校的根本任务是培养德、智、体诸方面都得到发展的社会主义事业的建设者和接班人，因此，必须把讲政治落实在学校教育的全过程中。政治素质是对当代大学生"德"方面的要求，它是素质结构中的灵魂，加强大学生政治素质的培养对于社会主义现代化建设具有特别重要的意义。校园文化，是指在学校育人环境中，以学生为主体，以教师为主导，以促进学生成长和提高全员文化素质及审美情操为目标，由全体师生员工在教学、科研、管理、生产、生活、娱乐等各个领域中共同创造出来的一切物质成果和精神成果的总和。

在社会主义市场经济形势下，需要大力加强校园文化建设，通过文化观念的价值导向和精神力量的潜在压力，在健康、和谐、热烈、宽松的环境中，完成对大学生政治素质的培养和理想人格的塑造。

## 一、当代大学生应具备的政治素质

政治素质包括政治方向、政治立场、政治观点、政治纪律、政治鉴别力、政治敏锐性、共产主义信念等方面的内容。

### （一）正确的政治方向

政治方向是指人们为实现本阶级的根本利益而必须遵循的政治要求，是指导人们行动、贯穿在人们活动中的一些基本政治原则。它对人们的健康成长起着重要的思想导向和政治影响作用。一个人只有方向明确，才能在大是大非面前保持清醒的政治头脑，才能树立明确的目标并产生为实现这一目标而奋斗的力量源泉。确立正确的政治方向是大学生政治素质的重要内容之一。当代大学生必须有坚定正确的政治方向，热爱社会主义祖国，拥护共产党的领导和社会主义制度，努力学习马列主义、毛泽东思想、邓小平理论和习近平新时代中国特色社会主义思想，积极投身到社会主义现代化建设中去。

中国共产党从诞生那天起，就以争取人民翻身解放，进而建设社会主义、最终实现共产主义作为自己的奋斗目标。因此，作为社会主义现代化事业建设者和接班人的当代大学生，必须把坚持社会主义、最终实现共产主义作为自己的政治方向。

### （二）正确的政治立场、政治观点

政治立场是每个人在观察和处理问题时所处的政治地位和所坚持的政治态度，辩证唯物主义认为，一定的立场决定着一定的观点。在现代中国，坚守正确的政治立场和政治观点，就是要毫不动摇地坚持党的基本路线一百年不动摇。这条道路既不能变也不可废，只有坚定不移地走下去才能实现国家繁荣昌盛，人民安居乐业，社会长治久安。

坚持党的基本路线一百年不动摇，关系党和国家的兴衰成败。坚持党的基本路线，我们的现代化建设事业就会兴旺发达，背离了党的基本路线，现代化建设事业就要遭到挫折甚至失败。

坚定不移地贯彻党的基本路线，尤其是以经济建设为核心，毫不动摇地坚持下去。党的十一届三中全会以来，我们党带领全国人民把改革开放和现代化建设事业推向新阶段，不断推进经济建设的大发展、快发展，这是全党和全社会面临的重大任务。在党的基本路线中，经济建设扮演着至关重要的角色，因此我们必须充分认识和把握其作为中心地位的重要性，决不能有任何含糊。社会主义的实现离不开经济建设这一中心，只有在解放和发展生产力的基础上才能真正实现其目标，否则它只是一句空洞的口号。因此，我们党始终把经济建设放在一切工作的首位，这是历史经验的深刻总结。作为现代大学生，必须深刻认识到以经济建设为中心的政治理念的重要性，积极参与到社会主义现代化建设的进程中，不断汲取知识、提升能力。要把自己培养成为有理想、有道德、有文化、守纪律的德才兼备的建设者和接班人。唯有如此，方能真正坚守正确的政治信仰。

为确保党的基本路线不动摇，必须将改革开放与四项基本原则紧密结合。为确保党的基本路线始终如一，必须妥善处理改革、发展和稳定之间的关系，坚决维护全党全国的工作大局。这是我国社会主义现代化建设顺利进行的根本保证。改革、发展、稳定三者相辅相成，缺一不可，它们共同构成了一个有机的整体。在当前形势下，特别要注意处理好改革、发展与稳定的关系。只有在改革、发展和稳定之间实现相互协调和相互促进，才能确保国家长治久安，人民富裕幸福。

党的"一个中心、两个基本点"的基本路线，是党指导建设社会主义现代化国家的总战略。对当代大学生来说，必须把它作为一个完整的体系，全面把握，不能忽视其中任何一个方面，也不能孤立地强调任何一个方面，这样才能坚定正确的政治立场、政治观点。

### （三）严格的政治纪律

严格的政治纪律是确保党的路线、方针、政策的贯彻执行，维护党的团结统一的必然要求，是加强党的领导，增强党组织凝聚力、战斗力的重要条件。严格的政治纪律，最重要的是在政治上、思想上、行动上同党中央保持一致，坚决维护全党在党的政治路线基础上和民主集中制原则指导下的团结和统一。如果口头上保持一致，行动上却阳奉阴违，自行其是，那就会严重干扰改革开放和现代化建设的进行，这是不能允许的。

中国共产党不同于其他政党的一个重要标志就是有铁的纪律，任何人如果违反了党的纪律，无论职务多高，党的纪律检查委员会必然对他严格执行纪律处分，这也是我党的伟大之处。中国革命和建设事业取得胜利的一个重要法宝就是我们党有严格的政治纪律。什么时候政治纪律执行得好，革命事业就顺利向前发展；什么时候政治纪律执行不力，革命事业就会遭到阻碍。

当代大学生成长于和平年代，大都没有经过艰苦生活的磨炼，执行严格的纪律具有十分重要的现实意义。当代大学生必须在政治上同党中央保持高度一致，做有理想、有道德、有文化、有纪律的新时代接班人。

### （四）增强政治鉴别力和政治敏锐性

政治鉴别力在于善于运用马克思主义的观点来辨别政治的正当性，而政治的敏锐性则在于当某一事物处于萌芽状态时，能够从政治的角度去观察和分析问题，从而确定正确的态度和应对措施。在改革开放不断深入发展的新时期，如何提高学生们的政治鉴别力、政治敏锐性？现今时代的大学生需要具备高度的政治鉴别力和政治敏锐性，这就要求他们善于运用马克思主义的政治视角，洞察和鉴别各种社会思潮和现象，洞察微小之处，保持清醒的政治头脑，成为一名坚定信仰、明确是非、头脑清晰的社会主义现代化事业的建设者和接班人。充分认识当前我国正处在一个特殊而又复杂的历史阶段，具有鲜明的时代特征。为了增强政治鉴别力和政治敏锐性，我们必须深刻认识和妥善处理社会主义初级阶段的阶级斗争，党的十一届三中全会果断抛弃了"以阶级斗争为纲"的工作指导方针，将党和国家的工作重心转向社会主义现代化建设，这是一项完全正确且必要的举措。我国正处在由传统计划经济向现代市场经济转轨过程中。因此，我们要继续坚持四项基本原则和改革开放的总路线，坚定不移地同一切剥削者做斗争。在当前形势下，阶级斗争呈现出一种独特的形式，尽管在某些情况下可能会变得更加激烈，但这种形式与历史上阶级之间的斗争有着明显的区别。大学生必须正确认识这种形式的阶级斗争，不断提高认识水平。

### （五）坚定共产主义信念

共产主义信念，是基于辩证唯物主义和历史唯物主义的科学原理，深刻理解和掌握人类社会发展规律的基础上，对共产主义必然实现的坚定信念。共产主义作为一种世界观、人生观和价值观，具有崇高而伟大的道德力量。作为塑造人们政治行为的精神力量，同时也是塑造优秀政治素养的思想基石。坚持共产主义信念不仅有助于个人自身素质的提高，而且能增强国家凝聚力、吸引力与向心力，有利于社会主义事业兴旺发达。共产主义是人类历史上最崇高的社会制度，是人类社会发展的最高境界，是无产阶级和其政党不懈追求的终极目标。共产主义信念不仅具有深刻的理论意义，而且具有重大的实践意义。现代大学生应当将坚定信仰共产主义视为政治素养的重要组成部分，并将实现共产主义作为他们的最高追求目标。

## 二、提高大学生的政治素质，以适应社会主义市场经济的需要

马克思主义认为，人的素质不是天生俱来的，而主要是后天形成的，是与人的受教育程度和后天努力分不开的。思想政治素质的形成和提高与认真学习马列主义、毛泽东思想、邓小平理论三个代表重要思想和习近平新时代中国特色社会主义思想密切相关，学校只有加强和改进思想政治工作，才能全面提高大学生的政治素质。

### （一）加强思想政治工作队伍的自身建设，是提高大学生政治素质的前提条件

秉持党性信念，倡导无私奉献精神，强化团结协作，提升思想政治工作队伍的战斗力和凝聚力。高等学府的思想政治工作是一项塑造人灵魂的铸魂工程，坚持党性原则和奉献精神，是思想政治工作者必备的品质，也是确保这支队伍拥有强大战斗力和凝聚力的必备条件。

通过精心的人才培养、合理的资源利用和长远的规划，推动思想政治工作队伍向着良性循环的方向不断发展。由于受传统教育方式、社会环境等因素的影响，在这支队伍中普遍存在着一些不足。高等教育机构的学生思想政治工作是一项内涵极为丰富、外延极为广泛的特殊任务，其工作难度极大，知识更新速度快，对

每个人的素质要求极高。因此，对这支队伍必须精心培养、严格考核，要注意发挥每位同志的特长和创造性，切实帮助他们解决实际困难，使这支队伍走向良性循环。

通过深入学习理论知识，优化知识结构，不断提升思想政治工作队伍的工作能力和水平，以达到更高的工作水平。为了应对新的形势和要求，必须不断提升运用马克思主义世界观和方法论解决问题的能力，以党的理论武装头脑，提高政策水平和理论修养，同时积极学习现代科学管理知识，优化知识结构，唯有如此，才能推动大学生政治素质的不断提高。

### （二）加强和改进思想政治工作，促进大学生政治素质的提高

目前，我国的经济、科技和教育体系已经经历了翻天覆地的变革。同时，也对大学生提出了许多新课题、新要求。高校大学生的思想正受到强烈的冲击，因为一些长期坚守的理论观点正在得到更新，一些传统观念正在被打破，一些超越社会主义初级阶段的政策正在被纠正。因此，提高大学生政治素质的首要任务就是要以党的理论为指导，组织大学生深入学习、全面领会党的精神，牢牢把握、全面贯彻党的基本路线，解放思想，更新观念，积极主动地投入到祖国建设的大潮中去。

随着改革的不断推进，人们的人生观和价值观变得越来越错综复杂。在方法上也应该多样化、多形式、多渠道、多层次进行教育。加强大学生的思想政治工作，以帮助他们深入了解国家的大政方针和具体政策，掌握改革与建设的目标和进程，妥善处理国家、集体、个人三方利益的关系，以及长远利益和眼前利益的关系，从而增强他们对改革的适应能力。为了最大程度的激发每个人的积极性，我们必须对大学生进行深入细致的思想政治教育。

为确保经济建设的集中精力，必须创造一个政治和社会稳定的环境，以促进团结和稳定。在社会主义现代化建设中，大学生是一支重要力量，他们肩负着为祖国富强和人民幸福而奋斗的历史使命。大学生是一个需要加强民主法制教育、坚持党的基本路线教育、始终坚持"两手抓""两手硬"方针、高度警惕资本主义腐朽思想侵蚀的焦点。为了解决他们内心深处的迷茫和困惑，我们必须坚持进行长期、深入、细致的思想政治教育，以确保他们的思想得到正确引导。

# 第四节　校园文化建设与大学生道德素质的培养

## 一、当代大学生应具备的道德素质

道德是依靠社会舆论、传统习惯、内心信念、价值观念来维持，以善、恶为评价标准，调节人与自然、人与人、个人与社会之间关系行为规范的总和。

### （一）社会公德、职业道德和家庭美德的"三德"养成是青年学生立身处世之本

#### 1. 社会公德

即公共道德，是人们为了维护公共生活，调节人们之间关系而形成的道德行为准则和起码的公共生活准则。社会公德反映了个人的行为同集体、阶级、民族、国家和社会的关系。广大青年学生在社会和学校生活中要做到尊重人、关心人，遵纪守法、文明礼貌、遵守公共秩序、爱护公共财物、保护环境和资源，自觉履行对国家和社会的义务，具体有如下要求。

（1）文明礼貌

在公共生活中的言谈举止符合群体利益，符合礼仪，谦虚恭让。

（2）遵守秩序

在公共场所遵守生活秩序、工作秩序、生产秩序和学习秩序。

（3）讲究卫生

养成良好卫生习惯，衣着清洁整齐，爱护公共环境卫生，创造和维护优美、整洁、清爽的生活空间。

（4）爱护公物

爱护公共财物、公共建筑和公共设施，树立主人翁意识，同破坏公共财物的不良行为做斗争。

（5）诚实守信

言行跟内心思想一致，恪守诺言，讲信用。实事求是，谈论事情要客观，光明正大，不阳奉阴违，不看风使舵。

（6）敬老爱幼

对老人、对长辈要尊敬爱戴，对儿童关心爱护，敬老爱幼是中华民族的传统美德，也是尊重自己的体现。

（7）助人为乐

热心帮助遇到困难的人，为他们排忧解难，帮贫济困，不图回报。伸张正义，反对明哲保身和对他人危难漠不关心的行为。

教育广大青年学生遵守社会公德是维护社会生活正常秩序，保障社会生活正常进行的重要因素。自觉地遵守社会公德是提高社会主义道德水平的一条有效途径，有利于形成良好的人际关系。

2. 职业道德

职业道德是人们在一定的职业活动中所遵守的行为规范的总和。社会各行各业中的每种职业都是社会活动的一个部分，在各自的行为及活动中，要达到规范、科学、有序的发展，必须遵循特定的职业道德规范和准则。职业道德不仅是从业人员在职业活动中的行为要求，而且是本行业对社会所承担的道义责任和义务，从道义上规定人们应以什么样的思想、感情、态度、作风和行为对待本职工作以及如何待人、接物、处事和履行职责。

（1）忠于职守、爱岗敬业

敬业精神是一种基于对工作、对事业挚爱基础上的全身心忘我投入。忠于职守就是忠实地履行职业责任，即在职业活动的领域，树立社会主义主人翁的责任感、事业心，追求崇高的职业理想，干一行、爱一行、专一行，摆脱单纯追求个人小团体利益的狭隘眼界，把对社会的奉献和付出看作无上的光荣。水电工徐虎、公交车售票员李素丽平凡而伟大的事迹正是敬业精神的体现。每个劳动者恪尽职守，兢兢业业，是保证社会生产、生活正常运转的前提条件，每个从业人员只要在岗位上工作一天，就要认真履行岗位职责，即使与个人利益发生矛盾，也应首先保证完成工作任务。一个人能否对社会作出贡献，不在于他从事什么职业，而在于他有没有为社会无私奉献的精神。只有自觉地为社会主义现代化建设贡献力量，不计个人得失，其人生才是高尚的、有意义的。

（2）努力学习、提高技能

这是社会主义职业道德规范的一个重要方面，它要求一切从业人员努力学习，钻研所从事专业的知识、技能，孜孜不倦，锲而不舍。青年学生应充分利用社会提供的学习机会和学习条件，圆满完成学习任务，全面掌握专业理论知识和技能，具备适应社会的能力，成为合格的社会主义事业的建设者。

（3）遵纪守法、廉洁奉公

纪律和法律是保证社会正常秩序的有力工具和武器，每个职业劳动者都要遵守职业纪律，与职业活动相关的法律、法规。青年学生无论今后从事什么职业，都要在职业活动中坚持原则，不能利用职务之便谋取私利。应以国家和人民的利益为重，履行道德义务，"我为人人，人人为我"，相互协调，相互服务，促进社会各行业处于良性循环状态。

（4）团结互助、赶学先进

社会是一个复杂的整体，是由单位、行业、部门等系统组成，离开了内部从业人员的协调配合、团结互助，就不可能圆满完成任务，因此社会主义职业道德要求每个劳动者在工作中搞好团结、相互学习，向先进集体和先进人物看齐。青年学生在学习生活中应同样发扬团结互助、争创先进的作风，培养良好的职业道德意识。

（5）文明礼貌、和气待人

所有的社会职业和工作岗位都是为人民服务、为社会发展作贡献，在工作中，要树立服务意识，为服务对象提供高质量的服务，讲究说话艺术，礼貌待人，体现平等友爱的关系。力戒盛气凌人，态度生硬，维护本部门、行业的整体形象，为提高全社会道德水平作贡献。

（6）坚持真理、艰苦创业

工作中要坚持真理，实事求是。遇到问题多分析，多调查，多听取各方面意见，正确对待批评，反对违背科学规律，搞假、大、空，脱离实际，一意孤行的作风。

我们国家人口多，底子薄，资源相对短缺，科技水平较低的现实，决定了我们在生产、工作中要长期发扬艰苦奋斗的精神，反对奢侈浪费，勤俭办一切事业。

培养广大青年学生良好的职业道德水平，可以增强责任感，增强主人翁意识，推动社会事业发展。良好的职业道德通过职业"窗口"表现出来，可以促进提高整个社会的道德水平。职业道德水平是全民素质的重要方面，不断提高职业道德水平是加强社会主义精神文明建设，提高全民综合素质的重要一环。

### 3. 家庭美德

家庭美德教育的基本内容是尊老爱幼、夫妻和睦、勤俭持家、邻里团结。对广大青年学生来说，主要提倡尊敬长辈，孝敬父母。立志成才来报答父母养育之恩，学会生活上照料父母，经济上赡养父母，精神上慰藉父母。培养生活自理能力，关心爱护兄弟姐妹，反对只顾自己享受，好吃懒做，没有家庭责任的行为。

家庭美德的养成，可以促使家庭成员提高各方面的素质，形成良好的生活、学习和工作习惯，有效地发挥家庭所担负的社会职能，同时家庭美德教育能够促进社会公德和职业道德教育的形成和发展。

**（二）爱祖国、爱人民、爱劳动、爱科学、爱社会主义是我国宪法对全体公民的基本道德要求**

### 1. 爱祖国

爱祖国就是发扬爱国主义和国际主义相结合的精神，提高民族自尊心、自信心和自豪感，鼓励为建设社会主义现代化祖国，保卫祖国利益作贡献，奋勇拼搏，直至牺牲自己的生命。爱国主义是中华民族精神最集中、最充分的体现。在中华民族五千多年的发展历程中，社会进步不断为爱国主义注入新鲜的时代内容，它始终是全民族坚实强大的精神支柱，也是每个真正中国人最基本的道德准则。

作为中国社会不断前进的巨大力量，爱国主义不仅是一面团结和鼓舞中国人奋勇前进的伟大旗帜，更是各族人民共同拥有的高尚道德。在当前推进社会主义市场经济建设的大背景下，进行爱国主义教育，弘扬和传承爱国主义精神，对于提升全民族的综合素质具有更为紧迫的现实意义。作为一种道德规范，爱国主义并非空洞的口号，而是在每个公民的言行中得以体现，具体表现为对岗位、对集体、对家乡的热爱，对祖国历史文化、壮丽河山、一草一木的热爱，将祖国的利益、尊严和荣誉置于至高无上的地位，随时准备为祖国的安全、稳定、发展、繁荣贡献自己的一切。

### 2. 爱人民

爱人民是确定社会主义新型人际关系的一项重要道德要求。爱人民就是要发扬全心全意为人民服务的精神，实行社会主义民主和人道主义，提倡一心为公、服从大局，同时坚决维护人民的民主权利，尊重人、关心人、爱护人。反对一切不顾公共利益，弄虚作假，欺骗他人，只图私利，漠视人民的政治、社会、人身权利与其他种种违反社会主义人道主义的思想和行为。爱人民不仅是中国共产党人坚持的唯物史观，也是倡导人们恪守的道德标准，以人民利益为重，以一腔热情去热爱亲友、同事、师长、乡亲、同胞，就能在全社会形成团结、平等友爱、共同前进的新型人际关系。

### 3. 爱劳动

爱劳动，是社会主义道德中最重要的特征。劳动是人区别于其他动物最基本的标志之一，它体现着每个人对自己劳动所取得成就的承认，以及对劳动本身价值的肯定。人类文明之所以能够取得一切成果，是因为人类在不断的劳动中不断创造自我，在社会主义制度下，对劳动的热爱则成为我们社会最为崇高的美德。推崇诚实高效的劳动方式，鼓励勤劳创造，支持勤劳致富，这是爱劳动的核心理念。我们应该以尊重体力劳动和脑力劳动为前提，坚决反对任何消极怠惰、不劳而获、以权谋私以及采用非法手段谋取个人和小集体利益的思想和行为。

### 4. 爱科学

对科学的热爱是社会进步和我国现代化建设所必需的。它不仅需要人们有良好的思想品德、高尚的情操，而且还必须具备一定的科学知识与能力。推崇对知识和人才的尊重，培养勤奋学习科学文化知识、勇于追求科学真理的精神，是爱科学不可或缺的重要方面。推崇创新思维，大力推进调查研究，坚持实事求是的原则，以实际情况为基础。在学校中树立起学习科学知识，掌握科学方法，提高科学素养的良好氛围。我们应该坚决反对那些轻视科学、轻视教育的思想和行为，并积极努力克服那些愚昧落后的思想、行为和习惯。

### 5. 爱社会主义

爱社会主义是我国社会制度对全体人民的要求。热爱社会主义就是要发扬为社会主义现代化建设而努力开拓、奋发进取的精神，提倡忠于职守，爱护公共财物，努力工作，为社会创造物质财富和精神财富。

只有社会主义才能救中国，只有社会主义才能发展中国的道理是中国人民经过长期痛苦求索得出的正确结论。广大青年学生把热爱社会主义落实到行动上的最佳途径就是要努力学习科学文化知识和建设社会主义现代化的本领，积极投身社会实践，锤炼伟大的创业精神，为祖国的繁荣富强、人民的富裕、社会主义的兴旺发达贡献力量，把建设有中国特色社会主义当作自己的使命，为实现我们国家的宏伟战略目标而努力奋斗。

**（三）确立马克思主义价值观，实现全心全意为人民服务的根本宗旨，做合格的社会主义事业建设者和接班人**

价值观是人们在其自身的认识水平上，对自身和客观事物意义作用的认识、评价和判断，是指人们对事物有无价值或价值大小的一种认识和评价标准。马克思主义认为，人生的真正价值在于对社会的贡献和创造，是人类历史上迄今为止最科学、最高尚的人生价值观，无产阶级衡量人生价值的主要标准不是以个人主观要求而定，而是以一种客观的尺度，即以物质方面和精神方面的贡献为尺度。在社会主义革命和建设时期以及改革开放大潮中，许多英雄模范人物用自己的实际行动谱写了一篇篇人生价值在于贡献的新篇章。作为当代青年学生，在对待人生价值问题上，应树立以人民利益、国家利益、民族利益高于个人利益为核心的集体主义价值观，正确理解和处理个人与国家、集体、社会之间的关系。一个人只有具备了集体主义思想，才能具有高尚的情操和良好的社会公德，才能坚持崇高的民族气节，高度的民族自尊心、自信心和自豪感。要求每个青年学生做到心中有国家、有集体、有他人。反对利己主义思想和行为，与损害国家、集体利益的言行做斗争。

## 二、加强校园文化建设，提高大学生的道德水准

### （一）校园文化建设是大学生道德水平提高的前提和条件

人作为社会关系的总和，生活在社会环境之中，自觉不自觉地接受各种环境的影响和熏陶，正如墨子所说"人性如素丝，染于苍则苍，染于黄则黄"，这说明了环境对人的思想品德形成和发展的重大影响和作用，近朱者赤，近墨者黑就说明了这个问题，这里所说的良好环境建立，正是通过校园文化建设来实现的。

校园文化建设的物质形态体现在校园建筑，学校设施，校园绿化、美化和校园整洁等诸多方面。校园内雄伟的建筑物、有启发指导意义的雕塑群、清澈的溪水、幽静的小树林、整洁的环境等就像一座座无形的指示牌，无言地提醒大学生

该做什么，不该做什么，激发着青年学生健康向上的内在潜质，使他们在不知不觉中陶冶了性情，规范了行为，促进了道德水准的提高。

榜样的力量是无穷的，作为校园文化建设主体校园人的思想、形象和行为，不仅引导大学生步入科学文化知识的殿堂，也构建大学生的精神家园，促进大学生共产主义道德观的形成。

校园文化建设的一个重要方面是制度建设。大学作为社会大环境的一部分，必须确立科学合理的规章制度，以维护正常的教学秩序，保障育人工作的顺利开展。如果不加约束，任其任意发展，必然会导致道德沦丧。提升个人道德修养水平是一项漫长而艰辛的过程，有时甚至是一段令人痛苦的历程。塑造年轻学子正确的个人和集体关系，塑造他们遵纪守法的高尚道德风范，这对于他们日后适应社会生活、参与平等竞争等方面都具有积极的影响。

校园文化建设中倡导丰富多彩的科技文化活动，这些活动无论是学校组织的，还是自发的活动，都要接近学生实际，为广大青年学生提供了培养个人兴趣，施展个人才华的大舞台。娱乐活动中体现出校园文化较强的思想性和学术性，使尊重知识，尊重科学，学科学、爱科学的观念深入人心，为学生个性发展以及协作精神、团队精神和集体主义精神的培养提供了契机。

### （二）校园文化建设的过程是大学生道德修养的过程

随着大学生对道德品质的不断追求，道德观念的斗争已成为不可避免的必然趋势，他们希望通过逐步培养优秀的道德品质来实现道德进步。那么如何加强大学生道德观念教育呢？首先，道德修养是一场自我意识的角逐，缺乏高度的自我认知，便难以展开道德修养的实践。要做到这一点，必须具备一定的思想基础、良好的心理素质和高尚的理想追求。其次，道德修养需要对自身进行深入剖析，以高标准、严要求为准则，勇于审视、认可和否定自身的缺陷和错误，不断进行自我认知、自我改进、自我完善和自我提升。在此基础上才能使自己成为有理想、有道德、有文化、有纪律的合格人才。再度强调，道德修养是一个漫长而曲折的过程，需要不断探索和实践。在漫长的道德发展道路上，形成了一系列具有鲜明特色的道德修养特征。对于培养道德修养的这些特质而言，显而易见的是，主观努力是必不可少的，然而参与社会实践则是进行道德修养的根本途径。因此，加强道德修养必须重视社会实践。一是社会实践是产生优秀道德品质的源泉。要培养共产主义道德品质，就要求正确处理个人与他人、个人与社会的关系，而这种关系是在社会实践中表现出来的。要进行道德修养，就要求主观符合客观，就要求把共产主义道德原则和规范运用到社会实际中去。二是社会实践是道德修养的目的。道德修养是手段，在社会实践中服务于社会才是目的。三是社会实践是检验道德修养效果好坏的唯一标准，道德修养在实践——认识——实践的反复曲折过程中形成和完善，社会实践是道德修养的客观基础。

校园文化建设为广大同学提供了社会实践的广阔舞台，广大同学不只是校园文化的享用者，更是校园文化的建设者。校园文化基础设施建设，可以组织学生参加义务劳动，培养学生劳动的观念，体会劳动的艰辛，拉近与劳动人民的感情。

环境设计请大学生参加，既发挥了他们的特长，也有利于培养同学们的参与意识和奉献精神，体会成功的喜悦。把青年学生吸收到校园环境保洁队伍行列，可以培养其良好公德意识和日常文明行为。

## 第五节　校园文化建设与大学生体能素质的培养

我们党的教育方针，十分重视体育在培养全面发展人才中所起到的积极作用，始终把体育作为学校教育的重要组成部分。大学生的体能素质，既有生理机能方面的先天因素，又有后天锻炼的主导因素。大学生良好的体能是保证高校德、智、美等教育目标得以实现的基础，也是大学生必备的基本素质之一。高校对大学生体能素质的培养，主要通过体育教学和课外体育活动，但体育教学课时又十分有限。因此，以课外活动为主的校园体育文化建设，对大学生体能素质的培养和锻炼，起到了十分重要的保障作用和促进作用。

### 一、当代大学生应具备的体能素质

当代大学生承担着推进我国社会主义现代化建设的重任，倘若没有一个强壮的体魄，就等于失去了明天的希望。他们的体质状况，从某种程度上，展示着我们的国民体质和精神风貌。因此，指导学生掌握体育知识和技能，锻炼身体，增强体质，促使学生身心全面健康发展，使他们在学校精力充沛地完成学业，将来更好地为社会主义现代化建设服务，一直是高校体育的主要目标和任务。

在体育理论中，一般都把体能作为衡量一个人体质状况中的一部分，即人体各器官系统的机能在肌肉活动中表现出来的能力。我们这里谈的大学生应具备的体能素质，认为含义可广泛一些，不仅指大学生的体质，还包括其体育能力和自我保健等能力。

大学生正值人生青春最佳时期，其年龄特征与中小学生相比，身心发育日趋成熟，但从生长发展规律及人体发展全过程来看，大学生身心仍然处在不断发展与完善之中。因此，大学生只要加强体育锻炼，通过几年的大学生活，在体能方面，就能具备以下各方面素质。

**（一）良好的体质**

体质就是人体的质量，是人的生命活动和劳动工作能力的物质基础。它是在遗传性和获得性的基础上表现出来的人体形态结构、生理功能和心理因素的综合的、相对稳定的特征。体质的强弱是以身体形态、生理机能、运动能力及对外界的适应能力等多方面综合评价的。良好的体质应表现在。

1. 健康的体格

体格是指人体形态和结构的发育、发达水平，人的体格是否强壮，主要从人体生长发育水平、体型和姿态三方面评定。体型一般指身体的整体指数与比例，姿态是指人体坐、立等基本姿势。这两方面既有先天遗传的因素，又有后天影响，尤其是体育锻炼起着重要作用。大学生身体尚处在发育和定型过程中，完全可以通过锻炼身体形成良好的体型和姿态。健康良好的体格不仅表现着身体健康，而且展示着一个人的精神风貌和气质。

2. 全面发展的体能

全面发展的体能是指身体素质好，身体基本活动能力强。人首先是作为生命体而存在，他要生存，要发展，就必须具备大脑、骨骼、肌肉、血液循环系统、消化系统等生理基础，在这个基础上，形成人体的各种机能，以便更好地适应自然和改造自然。人的这方面素质便是人的身体素质。大学生全面发展的体能应是人体各部分组织器官健全发育，具备良好的身体基本活动能力，如走、跑、跳、投掷、攀登、爬越、翻滚、支撑等；具备良好的体力运动素质，如在力量、速度、耐力、灵敏、柔韧等方面表现出来的良好的机能能力。体育活动是对人体基本活动和运动能力的直接锻炼，也是提高各组织器官机能的有效手段。大学生不论参加任何运动的身体锻炼，都能使人体的基本活动能力和体力运动素质得到改善和提高，从而全面发展体能。

3. 较强的外界适应能力

较强的外界适应能力是指人体在适应外界环境时所表现出来的机能能力，也就是抵御疾患、伤病后的恢复和适应自然环境的各种能力。我们每个人都是生活在自然环境和社会环境之中的，大学生也不例外。自然环境，诸如地理环境、季节和气候变化；社会环境，诸如城市环境以及社会其他因素等对人的有机体都会产生刺激和影响。人体对外界能否有较强的适应能力是衡量人体健康的一个标志。伟大的生物学家巴甫洛夫强调，健康就是人体跟自然界的平衡。经常坚持在春、夏、秋、冬各种季节和气候下进行体育锻炼，可以改善有机体体温调节机能，提高有机体对自然环境的适应能力。同时，在体育活动中，可促进血液循环，加速新陈代谢，增强对各种疾病的抵抗能力。

4. 较充沛的精力

精力是否充沛体现着一个人体质的强弱。人的有机体是一个统一整体，身体与精神紧密相关。体质强壮一些，精力就比较旺盛，反之，则很容易无精打采。大学生每天都处在长时间的紧张学习之中，要保证学习质量，就必须有充沛的精力。因此，只有经常参加体育锻炼，增强身体各方面机能，不断充实元气，才能在学习中使精神疲劳出现晚，而且消除快，始终保持蓬勃的朝气。

**（二）一定的体育能力**

体育能力是指学生能够掌握一定的体育理论知识、基本运动技术和技能，具有在现在和未来社会生活中的各种情况下，进行锻炼身体的习惯和能力。

重视学生体育能力的培养，已成为目前体育教学改革的一个方向。现今世界上一些经济发达的体育强国，在体育教育中都比较重视培养和发展学生的体育运动能力。如日本提出的学校体育改革教学方针中有"培养学生终生从事体育锻炼的能力和态度的要求"，俄罗斯有教学大纲规定："体育教育的目的主要是让学生学习体育的基本知识，形成和掌握体育技术的技能，培养独立进行身体练习的能力。"我国的体育教育也正在进行这方面的探索和实践。

大学生的体育能力，主要来自体育教学的有效传授和锻炼。作为一门科学，体育的各项运动都有自身的基本知识和技能。大学生要具备一定的体育能力，获得科学锻炼身体的方法，养成经常自我锻炼的习惯，就必须培养自己对某种体育活动的爱好和兴趣，并掌握一定的技能。高校体育一般都有专项技术的教学和训练，这对进一步增强大学生身体素质，发展个性和个人爱好，培养他们终生体育能力，都将十分有益和有效。

### （三）良好的生活卫生习惯和一定的自我保健能力

年轻的大学生在日常生活学习中往往很容易忽视并看轻生活卫生习惯和自我保健能力。事实是，按时休息，按时吃饭，起居有序的生活学习规律，每天合理地安排学习和体育活动，可以充分有效地提高脑力劳动和身体工作能力。相反，倘若经常"开夜车"学习，睡眠不足，以及一些不良的吸烟喝酒等嗜好都会严重影响身体各方面机能，危害身体健康。大学生应该充分认识到这一点，使自己养成良好的生活卫生习惯和学习规律。

在体育锻炼过程中，必须遵循人体生理变化规律，符合运动卫生要求，才能有效地增强体质，防止运动损伤。比如饭后不宜做剧烈活动，较强活动量的运动后要做好放松整理活动，运动时的饮水要以少量、多次为原则等等。大学生只要掌握了一定的自我保健常识，就能在体育锻炼中真正受益。

总之，大学生正处在长身体、求知识、塑造体格和人格的重要时期，其知识的积累，聪明才智的发挥，对自己力量的信心、勇气乃至精神生活，都取决于生命机体的活力。因此，健康的体质是大学生完成学业和成才的基础。通过大学体育的培养和锻炼，大学生应具备以上各方面体能素质，应充分认识到坚持体育锻炼，提高自身综合素质，对个人乃至国家都是十分重要的。

## 二、校园文化建设的体育功能

随着高校教育改革的不断深入，体育教学改革也正在不断深化。传统的体育教学，比较重视向学生传授基本理论知识、基本运动技术和基本运动技能（常称为"三基"）。在此基础上，和"智力"有机结合，重视发展学生的体育能力，使学生掌握科学锻炼身体的方法，养成经常锻炼身体的习惯，已成为当前体育教学改革的方向。

高校体育教学一般在大学一、二年级开设，高年级和研究生则根本不开。增强学生体质，培养他们积极体育锻炼的意识，仅靠体育教学这个环节是远远不够的。对体育以早操、课间操、课外活动锻炼、专项运动技术训练、各种体育比赛等为主的校园体育文化建设，使学校对大学生的体能素质培养形成了一个连续的系统整体。

校园体育文化建设，一方面是体育课堂教学的延伸和补充，且各种社团俱乐部、单项体育协会等在满足大学生不同的个人兴趣、爱好、特长等方面比体育课有更为广阔的空间。另一方面，其体育锻炼的实效性和持久性是一周仅有两课时的体育教学无法比拟的。特别是在大学高年级和研究生未开设体育课的情况下，课外锻炼就成为他们增强体质的主要形式。同时，随着社会的进步、科技的发展，许多相关学科应用于体育之中，体育的作用从多个角度得到重视，使体育具有了教育、健身、经济、娱乐等诸多功能。校园文化建设的多层次、多方位的全面实施，能够充分有效地发挥体育的诸多功能和作用。这主要表现在以下几方面。

**（一）增强功能**

1.对体质的增强

用进废退理论表明，人体参加体育活动的减少必然会使人体的各种生理机能、功能退化。于是，"生命在于运动"便成为至理名言。人类要维持自己的体质水平，只有依靠不间断的体育锻炼。大量的体育运动实验已经证明，体育锻炼能够促进全身血液循环，改善肌体的氧气及营养物质的供应，加快新陈代谢，提高内脏器官与中枢神经系统的功能，从而促使体能全面发展。校园体育文化建设主要以锻炼为主，大学生在田径、各种球类、武术、健美、跑步、体操等体育活动中，可以增强自身体质，提高人体对外界环境的适应能力和预防疾病的能力。

2.对智力、耐力的增强

体育锻炼是一种高强度、高能量反复实践的全身心运动，需要人的大脑、手、脚、腿等肌体的有效配合，需要较强的意志和耐受力。经常参加体育锻炼，可以转换兴奋中心，增强大脑的工作能力，促进智力的开发。同时也可提高神经系统的灵活性、均衡性、稳定性和持久性，锻炼神经系统对疲劳的耐受力。

3.对思维能力、竞争意识的增强

体育本身是一种竞技性运动，无论球类、田径、体操等各种体育运动都有其自成体系的科学理论和一定的技巧。学生在进行某种体育锻炼时，并不是单一的肢体活动，需要掌握运动的技术要领，需要具备迅速的思维判断反应能力。比如乒乓球，对对方打过来的球必须马上反应判断出是削球、攻球还是扣球，从而决定自己的击球策略。这种在瞬间进行的思维必将有助于思维能力的锻炼，其他体育活动亦同理。同时，许多体育活动都是一种双方较量的活动，十分有益于增强大学生的竞争意识、拼搏意识，并提高他们适应外界环境，适应现代社会快节奏、高效率的能力。

### （二）培养功能

#### 1. 对大学生自我锻炼、保健意识的培养

从大学生的生理特点看，他们健康状况正处于人生最佳时期，抗御疾病的能力较强。但身体素质也不能吃老本，新陈代谢会随着生理变化而演变。校园体育活动的开展，使大学生无论是迫不得已还是自愿，无论是有意还是无意，都能在体育锻炼中，强身健体，掌握某种运动技能。特别是一些健美、气功、武术等训练班的开设，一些体育知识竞赛、保健知识专题讲座等，都能培养大学生自我锻炼的习惯和兴趣，培养提高他们的自我保健意识，发展个性和爱好，培养一种可供终身锻炼的运动技能。

#### 2. 对体育审美能力的培养

体育的实质就是增强人们的体魄。强健的体魄本身就是健与美的结合，昭示了一种健康向上、勇于进取的形象。丰匀结实的肌肉、矫健灵活的步伐、伟岸匀称的躯体、优雅大方的举止，都使人感受着健康之美。大学生正处在生长发育的关键时期，也希望自己拥有健美的体型。他们在体育锻炼活动中，可以逐渐领悟到人体形态和人体运动之美，以健康的体魄来塑造自身形象。

另外，现代体育竞技性、娱乐性的增强，使大学生们在参与或观赏过程中，逐渐培养提高对体育的审美欣赏能力。

### （三）调节功能

#### 1. 对大脑的调节

大学生以脑力劳动为主，每天要学习七八个小时，有时甚至更长。这表现了他们刻苦学习、努力求知的上进心，但长此以往，必定有损身体健康。根据医学

常识，人体生理活动具有一定的节律性。兴奋与抑制是高级神经活动的两个基本过程，只有在大脑皮层的兴奋和抑制有节律地交替进行时，学习活动才能有高效率。倘若长期静坐学习，大脑一直处于兴奋状态，容易导致某些神经衰弱、脑膜炎、消化器官功能减退、全身代谢状况不旺盛等状况。适当的休息和体育健身活动，可以调节大脑皮层的兴奋和抑制过程，使思考问题的神经细胞进入抑制状态，得以休息。因此，校园体育活动的蓬勃开展，十分有利于促使大学生们妥善调剂繁重的脑力劳动，适时调节大脑功能，劳逸结合，更好地保持身心健康，提高学习效果。

2. 对心理的调节

各种各样的心理障碍是大学生中常见的现象，如专业学习上的困扰、人际关系的纷繁、感情上的挫折等，都很容易使他们情绪低落，愁眉不展。体育活动则有利于改善他们的心理平衡，调节他们的情绪起伏。从运动生理科学来讲，在运动活动中，人的神经调节机制会专注于躯体行为，而淡忘遗存于脑际的不愉快感受，尽情沉浸在体育活动的愉悦当中。尤其体育活动时的竞争场面，奋发进取的热情、创造性的学习，都会诱导学生的思维转移，促使他们调节自己的心理和情绪，专心于自己运动技能的进步，与对手相融相争、互勉互励，从而消除自己的不良情绪，增强直颜面对人生的勇气和信心，增强心理对外界的承受能力。

综上所述，校园文化建设可充分发挥体育的各种教育功能，促使大学生学会健康生活的知识，增强他们的体质和心理健康，有效地从各方面培养他们的体能素质，为其全面发展铺垫良好的基础。

# 第六节　校园文化建设与大学生心理素质的培养

由应试教育向素质教育转轨是我国教育制度改革的重要任务，素质教育以全面提高学生各方面的素质为目的。学生素质包括政治素质、道德素质、智能素质等多种素质。心理素质是人的素质的一个重要方面，心理素质培养是素质教育的重要内容。当代大学生上大学之前的教育主要为应试教育，是为了考上大学而应付各种课程考试，取得各门课的高分，素质教育相对落后，因此，在大学里进行各种素质的教育就显得很重要。本章以心理素质教育为主，结合大学生的心理特点，根据大学生应具备的心理素质，运用校园文化建设的大环境，就开展多层次、多形式的大学生心理素质培养问题进行阐述。

## 一、当代大学生应具备的心理素质

当代大学生年龄多在18—22岁之间，他们生理发育已近成熟，而心理发育相对滞后，是人生发展的关键时期。他们离开父母、家庭到外地上大学，与周围同学形成了大学生群体。大学几年是他们心理素质培养的重要时期，他们知识越来越丰富，同社会接触的机会越来越多，社会认知水平不断增长，心理素质水平不断提高，逐步完成从一名学生到社会成员的转变。

### （一）保持良好心理素质的重要意义

人的素质包括政治素质、道德素质、智能素质、体能素质等多方面，心理素质也是人素质的重要内容。心理健康是人体健康的重要方面，心理素质良好的人也就是心理健康的人。随着社会现代化发展的进程，人们越来越认识到社会心理因素对人体健康和成长的重要意义，良好的心理素质不仅可以促进身体健康，而且可以消除不良情绪，正确处理心理刺激，对大学生的成才有不可低估的积极作用。

医学心理学研究表明，不愉快的情绪，会过分刺激人体的器官、肌肉和内分泌腺，对机体的健康有害。《黄帝内经》中就有"怒伤肝、喜伤心、思伤脾、忧伤肺、恐伤肾"的论述；现代的医学实践也证明，保持良好的心情对维护机体健康、加快病体恢复，延缓死亡期限都有极其重要的意义。人的一生不可能没有不顺心、不尽如人意的情况，只有心理健康的人才能面对这些现实，正确对待和处理生活中的各种矛盾和冲突，提高对社会环境的适应能力，预防心理刺激作用的增强和激化，在不如意的情况下，仍然保持良好的心境，避免心理疾病的发生。美国哈佛大学心理学教授丹尼尔·戈尔曼在1995年提出了"情绪智商（EQ）的概念，EQ实质上就是指一种心理素质、性格素质。根据他的观点，一个人的成功，智商只起20%的作用，而情绪智商即心理素质却起到80%的作用。那些易被一时感情冲动左右，或因高考落榜，或因考试失败，或因成绩不好，或恋爱受挫、受点委屈，或一时遭到误解就离群索居、自暴自弃、甘居人后，破罐子破摔者，即使智商再高，也迟早要被淘汰，必定成不了大器。有资料表明，在其他各项智能水平相同的条件下，心理健康的人成才的可能性较有心理障碍的人要高得多，在校的大学生要想使自己成才，首要的一条就是要保持心理健康。

### （二）当代大学生应具备的心理素质

心理学家们经过多年的研究探索得出了较多的心理素质标准（即心理健康标准），主要有马斯洛和密特尔曼的心理健康十项标准，美国学者坎布斯的"四种特质"观点以及王登封、张伯源的八项指标观点。有人把智商也作为心理健康的一个指标。结合大学生的特点，作者认为，作为一名合格的大学生应当具备以下几种心理素质。

1. 有积极的自我意识

有积极的自我意识是适应环境的必要前提之一，是具备主动适应的能力。它具有客观性、自觉性、独立性和自动性等特点。自我意识是主体在思考过程中所领悟到的自我存在，包括与周遭事物和人的互动、自身在周遭环境中的地位，以及对事物的态度、观点和方法等多个方面。大学生需要具备积极的自我认知，包括独立了解自我、恰当评估自我认知优点和缺点、正确认识自身能力、体验自我存在的价值、应对和处理生活和学习中的各种挑战，以及处理自己不满意的事情的能力。

2. 能够正视现实，面对和接受现实

即使现实不符合自己的希望，也能接受现实的考验，能适度地控制自己的情绪，有限度地发挥自己的个性，在社会规范允许的范围内，适度地满足自己的需要，对现实有一个清醒的认识，能正确地处理矛盾和困难，既有高于现实的理想，又不陷于无法实现的空想中。

3. 心理行为符合年龄特征

智力正常，主观经验丰富，没有智力缺陷，有较高的逻辑思维和抽象思维能力。能对自己周围的环境有较清楚的感知和适应能力，不会迷惑和彷徨，遇事可用自己的主观经验进行较为合适的处理，不会出现与自己年龄水平极不相称的行为。

4. 能够建立和保持良好的人际关系

善与人相处，理解他人，能认可别人存在的重要性，能站在别人的立场上看问题，能体验出自己在很多方面和大家是相通的，和老师、同学能保持融洽信任、得体的交往关系。

### 5.善于调节情绪，保持适度的紧张感和安全感

具备有效情绪管理能力，能够在各种情境下恰当地表达情感。能正确评价自己。以乐观、豁达的心态面对生活中的困难，不气馁、不胆怯、不自卑，享受到生活的快乐，情绪稳定、富有弹性。能正确对待挫折，并采取积极措施去克服它。采取有效的压力管理措施，以减少生活和学习中的负面情绪，从而维持适度的安全感。培养健康向上的心理品质。通过合理规划不同阶段的生活和学习，善于调节心理压力，将压力转化为动力，保持适度的紧张感。

### 6.有积极进取的人生态度

充分认识到勤奋学习的重要性，将主要精力集中于学习领域，抓住不受外界干扰的绝佳时机，为未来步入社会奠定坚实的基础。大学生正处于青年时期，是人生观、价值观形成的关键时期。怀揣着对大学生活的热爱和信心，以积极进取、乐观和热情的人生态度，不断追求生活中的新鲜事物和美好未来，从平凡的生活和学习中发掘出美好的事物，感受到生活积极向上的氛围，并对自己的学习和生活充满期待。

### 7.有良好的意志品质

优秀的意志力体现为自我认知、果断决策和坚韧不拔的品质，主要表现为明确的行为目标，能够在适当的时候作出正确的决策，长时间专注于某一任务而不受外界干扰。具有高度自觉性、坚韧性和自制力。在学习和生活中，能够有效地掌控自己的言行，面对挫折时保持乐观，身处逆境时不失信心，行动目标明确，始终如一，面对问题时不会犹豫不决，保持心理平衡并积极适应环境。具有强烈的责任感、事业心、进取心，善于适应环境、克服困难，并以积极乐观态度对待人生。展现出不屈不挠的毅力和耐心，具备独立解决问题的能力，表现出团结协作的精神，以及坚定不移的意志。

## 二、加强校园文化建设，提高大学生的心理素质

心理素质是人素质的重要组成部分，一个人的心理素质水平受多方面因素的影响，不是一朝一夕就可以形成高水平心理素质的，但这并不是说在提高心理素

质方面无能为力。实际上，人的心理素养水平完全是后天养成的，大学生在校期间是心理培养的关键时期，通过加强校园文化建设，充分发挥校园文化的教育培养功能，是完全可以提高大学生的心理素质水平的，这需要心理学教育工作者、学生辅导员和同学们的共同努力。主要是转变观念，开展多层次的教育引导工作，全方位、多途径地提高大学生的心理素质。

**（一）坚持开展科学的人生观、价值观教育**

人们对于人生目标和意义的根本看法和态度，构成了他们的人生观，而人生价值则是指人的生命活动对社会所产生的意义和影响。人生观作为一种世界观，包含了人类认识世界和改造世界的基本观点与原则。在新时代，大学生必须树立一种科学的人生观，以解决人生价值问题。每位大学生都明白这些道理，但这并不能保证他们拥有正确的人生观和积极的人生价值观。在中学时期，他们追求的最大目标是通过考试进入大学，为了实现这一目标，他们可以放弃游戏，夜以继日地奋斗，甚至不惜牺牲自己的时间和精力。可是进入大学后，他们的这种想法却渐渐淡薄起来，甚至出现了一些消极的思想和行为。导致一些学生在大学里暂时失去了他们的人生目标。他们的学业只是为了应对每个学期的各种考试，缺乏拼搏精神，生活缺乏艰苦朴素的品质，缺乏远大的理想，学习的压力和动力也就消失了，他们总会感到生活平淡、乏味，一旦遇到任何意外刺激，他们就会难以承受。在大学生中有一部分学生，当遇到暂时困难，或是生活坎坷，或情场失意，或工作分配不理想，或自己某一方面不如人，便哀叹人生前途暗淡，因而就一蹶不振、随波逐流，甚至随意轻生。

学校应充分利用教育的大环境，经常开展一些有意识教育和无意识教育，采用各种生动活泼的形式，如思想修养课、心理教育辅导、自强不息报告会、树先进典型等，积极开展人生观和价值观的教育，让学生在课堂和课余时间自觉或不自觉地受到启迪和教育。同时也要重视对少数学生进行艰苦奋斗精神、集体主义、社会主义荣辱观的教育引导。校系领导、团委、学生辅导员等共同致力于深入细致地开展学生思想工作，以促进大学生情感上的独立和心理上的稳定，激发他们的理想和抱负，并逐步建立和巩固科学的人生观和价值观。

### （二）积极发挥学生辅导员的教育引导作用

学生辅导员直接负责学生的思想政治工作和学生的日常管理工作，平时和同学们接触最多，最能了解学生思想的动态变化。积极发挥学生辅导员的教育引导作用，对提高大学生心理素质有很重要的意义。

学生辅导员大多比较年轻，和大学生既是师生关系，又是朋友关系，很容易沟通，最能了解大学生的思想行为特点，开展心理教育和引导，不易引起大学生的逆反心理。学校应积极创造条件，使学生辅导员能深入细致地开展教育引导活动，因材施教，对症下药，帮助学生分析和处理学校生活中遇到的困难，预防各种不良刺激。学生辅导员努力建立起一种以辅导员为中心，关系融洽的师生信息沟通网，及时了解和处理存在的问题，甘当学生的朋友、知心人，经常到学生中间去直接了解学生的学习、思想、生活状况，多找学生谈心，交换思想，使学生感到虽然离开家庭，在学校里还有父母一样的老师真心关心着他们的一切。增强学生的自信心、安全感，建立信息沟通的渠道，对学生思想行为动态有一个全面的了解，及时指出学生中的不良思想倾向，晓之以理动之以情，积极疏导，对犯错误的学生要及时解除其思想包袱，避免后遗症出现。

### （三）美化校园环境，纯洁学生心灵

校园环境是校园文化的主要组成部分。校园内的整体规划，校园建筑的布局、形状、色调、外装修，生活区、教学区、学生体育活动场地的布局结构，校园治安管理状况，校园绿地、花草树木的布局造型等，都是校园环境的一个极其重要的内容，校园文化建设离不开校园环境建设，校园环境建设在塑造人、培养人方面有很重要的作用：一方面是它的直接功能，即建筑物、绿化带等本身具有的直接作用；一方面是它的心理功能，即校园环境的状况给人造成的心理体验、情感等方面的作用，这也是它的主要功能。宽阔明亮的教室不仅有利于学生学习，而且可以让学生感到心境开阔，耳聪目明，大大提高了学习兴趣。宽敞完好的体育场地，花香鸟鸣的周边环境，为学生提供一个课外体育锻炼，增强体质的场地，使同学们在课余有一个恬静的休息环境，而且让学生感到动与静的结合，产生一种粗放、豪爽、安闲、恬静的情感体验，再加上校园治安状况良好，可让每一个人都感到安全，可靠。校园内建筑物的艺术造型突出了学校的特色，可以增强学

生对高校的向往和崇敬，增强学生的自信心，增强学生爱校、爱班集体的主人翁意识，心理上产生爱校如家的感觉，共同维护学校的荣誉。校园绿化有净化空气，防风除尘，调节温度，防止水土流失的功能。同时，校园内绿树成荫，花香叶绿会让人感到心情舒畅，在其间散步、读书可让人感到醒脑提神，有效地提高学习兴趣和学习效果，排斥不良情绪的刺激，培养良好的心理素质。

同样，恶劣的生活环境、教学环境不仅影响教与学工作的进行，还让人感到压抑、烦躁，降低学习效果，容易诱发心理障碍。脏乱差的校园环境能诱发人的破坏意识，校园治安状况不好使人产生畏惧心理和不安全感。

校园文化建设中应重视校园环境文化建设，让学校的每一个成员都能注重和参与校园环境文化建设，在搞好校园整体规划，不断改善客观条件情况下，充分调动大家的主观能动性，保护好现有的草坪、建筑和环境卫生，共同营造一个干净、整洁、环境优美、花园式的教学环境，以提高学生的心理素质和学习水平，促进学生成才。

# 第五章　大学生综合素质培养与提升

本章主要从以下方面进行了阐述，分别是大学生礼仪素质的培养与提升、大学生管理素质的培养与提升、大学生领导力素质的培养与提升、团队精神素质的培养与提升以及大学生自信表达素质、人际关系素质的培养与提升。

## 第一节　大学生礼仪素质的培养与提升

礼仪素质是大学生所需提高的综合素质中的重要部分，具备足够水平的礼仪素质，不仅可以让大学生做到有礼有节，并使其校园生活更加平稳高效，也可以让大学生毕业后，在塑造彬彬有礼、有风度形象的同时，有效促进其职业生涯的发展。作为一种抽象概念，礼仪素质涉及的内容是很丰富的。作者从个人礼仪、公共场馆礼仪、涉外礼仪等几个方面出发，对大学生应该具备的礼仪素质进行阐述。

### 一、个人礼仪

在人际交往和公共关系活动中，个人扮演着至关重要的角色。对于塑造良好的个人形象和组织形象，以及建立成功的公共关系，个人的礼仪面貌，包括仪容、仪表、仪态和得体的语言，以及良好的心理素质，都具有积极的影响。因此，我们必须将个人礼仪视为一项职业要求，从细节入手，才能取得良好的效果。

#### （一）仪容与仪表

1. 仪容

在职场中，当交往对象初次见面时，他们的喜好和厌恶，往往是基于对大学生主体仪容的基本印象。这种第一印象，往往决定了一个人日后交往的走向和结果。通常情况下，这种先入为主的印象几乎贯穿了整个交往过程。

（1）干净整洁：要做到仪容干净整洁，重要的是需要长年累月坚持不懈、不厌其烦地进行仪容细节的修饰工作。

（2）化妆适度：在职场中，适度化妆是职业的需要，也是对他人尊重的一种表现。自然而协调地化妆，适度地使用香水，是社交场合必须做到的基本礼仪。

2. 仪表

人们最常使用的"武器"，是那些整洁美观的服饰，它们可以帮助人们改变自己或烘托自己。服装不仅可以体现出个人形象，而且在某种程度上反映着一个人的气质和修养。只要巧妙地运用服装，它就能成为最具威力的沟通工具之一，同时也是最方便的人际交往工具之一。

（1）在不同的社交场合中，人们对于服装的要求各不相同，例如，参加重要的宴会、晚会等社交活动所需的服装与郊游、运动或居家休息所需的服装存在显著差异。为了确保着装得体，必须深入了解在何种场合下应该选择何种服装，以及何种服装最适合在何种场合下穿着。

（2）着装的注意事项

①注意协调一致。协调，是指一个人的着装与其年龄、体型、职业和场合等因素相得益彰，呈现出一种和谐的氛围，这种氛围能够为人带来美感。

②注意颜色。色彩作为一种视觉信息载体，它能给人心理带来巨大的变化和影响。服装的色彩，是深深地刻在人们心中的一道印记，同时也是决定服装穿着成败的重要因素。色彩所带来的刺激是迅速、强烈、深刻的，以至于它被誉为服装中最具视觉冲击力的元素之一。

③注意环境。在着装时，需要根据所处的环境和场合进行巧妙的搭配，以达到最佳的着装效果。

**（二）仪态与界域**

1. 仪态

仪态，亦称体态，指的是一个人的身体姿态和举止，展现出一种优雅、高贵的气质。身体的姿态是其外在表现，而内在气质的外显则体现在其风度之中。仪态是一种无声的语言，它不仅能反映出一个人的精神面貌，而且还能传达出人们不同的心理状态及思想感情。人类的动作举止，包括一举手、一投足、一弯腰，甚至一颦一笑，并非偶然的、随意的，而是具有一定的规律性和传情达意的功能。仪态是人际交往中不可缺少的一部分，它在人际交往中起着重要作用。我们可以借助自身的仪态，将我们个人的学识和修养传递给他人，从而促进思想交流和情感表达的深入。

（1）站姿

①标准的站姿：站姿标准，从正面望去，浑身笔直，精神饱满，眼睛正视（而非斜视），双肩水平，双臂自然下垂，脚跟并拢，脚尖60°张开，身体重心落在腿的正中；从近到远看，头向后仰，颈呈弓状，双手交叉于胸前，双臂伸直，掌心向下，手心向上。以侧面视角观察，目光平视，下颌微收，胸部挺拔，腹部收紧，腰背挺拔，手指紧贴裤缝，整个身体显得庄重挺拔。

站姿的要领在于，首先，将身体的重心向上拔起，使其呈现出一种向上的姿态，从而使其显得更加高大。其次要稳，要有一个良好的姿势和稳定的呼吸状态，这样才不会产生不舒服的感觉。最后要平，是指头部保持平衡、双肩保持平衡、眼睛保持水平。

②不同场合的站姿：如升起国旗、演奏国歌、领取奖品、接待来访、致悼词等，站姿应当遵循严格的规范，并展现出庄重严肃的神情。

为了缓解长时间站立所带来的双腿疲劳和身体对腿部的压力，演讲、新闻发布和宣传报告时，可以采用双手支撑讲台，轮流放松双腿的方式。

在主持文艺活动和联欢会时，女性可以采用双腿并拢站立的姿势，甚至可以采用"丁"字步，以增强她们的站姿美感。这种姿势既不影响美观，又能起到锻炼腿部肌肉的作用。当站"丁"字步时，身躯前倾，腰背挺拔，臀部微微翘起，双腿相互叠合，身姿挺拔如玉，散发着女性独有的魅力。

（2）坐姿

标准的坐姿是首先站好，双腿平行于椅子前方，双膝弯曲，腰背挺直，坐于座位之上。坐着时要尽量使身体与地面垂直，不要前倾或后仰。在就座时，应当以轻柔的声音和缓慢的动作来表现。在就座的过程中，腰部和腿部的肌肉会略带紧绷，以保持身体的平衡和稳定。

在坐姿端正的状态下，身体微微前倾，头部和肩部平齐，双臂自然下垂，双手可随意平放于大腿上，两腿外侧间距与肩宽大致相等，双脚自然着地，姿态优美。

当人坐着时，由于臀部的支撑作用，导致双腿的负荷减轻。坐位姿势是人体最基本的姿势之一。因为身体的重心向下移动，所以在上半身适当放松的情况下，可以减轻心脏的负荷。

当我们倾听他人的教诲、传授、指点时，如果对方是长者、尊者、贵客，那么我们应该保持坐姿端正，坐在椅子、沙发的前半部或边缘，身体微微前倾，表现出谦虚、迎合、重视对方的态度。

在非正式的场合中，以轻松自然的姿态坐着，不会感到任何不适。不要过于紧张和焦虑，保持一种松弛状态。可以适当放松全身肌肉，随时变换坐姿，以达到放松的效果。

（3）走姿

有人创造了一种标准的行走姿势，其中包含了双眼平视臂放松、胸领动肩轴摆、提髋提膝小腿迈和跟落掌接趾推送等动作要领。

在行走过程中，上半身的平稳和下肢的规律运动形成了一种和谐、利落、鲜明且均匀的步伐，同时还具有节奏感，使得前后、左右行走动作平衡对称，呈现出了行走时的优美形式。

（4）表情

在传达情感和意义方面，面部表情扮演着不可或缺的角色。面部表情是人们表达自己情感态度和思想的主要方式之一，它具有很强的主观性和随意性，因此也就成为人类最基本的交际手段。在接下来的内容中，我们将着重探讨眼神和微笑的表现方式。

①眼神。人类视觉、听觉、味觉、嗅觉及触觉感受中，唯有视觉感受最为灵敏，视觉所接收到的信息占83%。注视的时间、视线的位置和瞳孔的变化，是构成眼神的三个主要方面。

首先，注视的时间。根据调查研究，谈话中视线与对方脸部接触的时间占对话总时间的30%—60%左右；高于此平均值，说明对谈话者本人的兴趣超过了对谈话内容的兴趣；未达到平均值，可以推断出他们对此缺乏浓厚的兴趣。

其次，视线的位置。社交场合和对象的不同，我们的视野也会有所差异。有些人由于目光过于集中，容易引起他人注意而造成误会。有些人在与陌生的人交往时，常常因为无法妥善处理对方的视线而感到尴尬和不安；已被人注视而将视线移开的人，大多怀有相形见绌之感；仰视对方，一般体现"尊敬、信任"的语义；频繁而又急速地转眼，则是一种反常的举动，常被用作掩饰的一种手段。当然，若死死地盯着对方，则是极度失礼的表现，若四处张望，则显得漫不经心。

②微笑。微笑是一种具有情感表达能力的语言形式。它具有丰富而深刻的内涵。它能够与口头表达和实际行动相辅相成，相互补充，沟通人的内心，搭建友谊之桥，为人们带来美好的感受。微笑，是人与人之间相互交流的润滑剂。微笑在工作和生活中扮演着不可或缺的作用，而在社交场合中，微笑更是不可或缺的存在。

微笑是一种具有规范性的行为，通常需要注意四个方面：首先是口眼的协调。微笑时表情达意，眼神配合，动作自然，这样才能给人以愉快的感受。只有在口齿清晰、目光炯炯、表情生动、笑容传神的情况下，才能让人感受到微笑的魅力。微笑也是表情艺术的一个重要组成部分，要使自己的微笑富有感染力，必须在面部上下功夫，使之具有一种吸引力和震撼力，给人留下深刻的印象。其次，笑容与神、情和气相互交融。要把笑作为一种艺术来研究，要从心理学上研究笑，研究人对事物的态度和感受。在此处所述的"神"，指的是要以一种充满情感的方式展现自己的表情和神态，以达到情绪饱满、精神焕发的效果；"气"，就是要有一种精神，即对事物的兴趣和爱好，表现出一种乐观向上的精神面貌。"情"是一种情感的表达，它能够唤起人们内心深处的共鸣，让人感受到亲切、甜美的情感；再次，微笑和语言的结合。在交际过程中，语言是表情达意的主要工具，而微笑则是表达情感最自然的手段。微笑和语言都是传递信息的重要工具，只有将微笑与优美的语言相融合，以声情并茂、相得益彰的方式呈现，才能充分发挥微笑所具备的独特功能。同时也使自己成为一个受欢迎的人，达到事半功倍之目的。最后，将微笑与仪表、举止相互融合，以达到最佳效果。仪表与举止是一个人精神风貌的外在表现，是对美的追求，也是文明修养的体现。以笑容为媒介，塑造出完美、协调、和谐的美感。

（5）手势

手，作为人体最具灵性的器官之一，是人类心灵的触角。手势语作为一种无声语言，它可以传达出人们相互交流时的各种信息。手势在传递信息、表达意图和情感方面扮演着至关重要的角色，是人类身体语言中不可或缺的一部分。手势语能使语言更加生动形象，更富有感染力。在我们的社交互动中，多样性的手势语是不可或缺的。

2.界域

从生物学的角度看，每一个生命都有自己的领地。一旦异物侵入这个范围，就会使其感到不安并处于防备状态。

美国人类学家和心理学家霍尔将人类的交往空间划分为四种区域，这就是所谓社交中的界域。

第一，亲密距离（0—45cm），又称亲密空间。只有关系亲密的人才可能进入这一空间，如夫妻、父母、子女、恋人、亲友等。亲密距离又可分为两个区间，其中亲密状态距离（0—15cm），常用于恋人、亲友、父母、子女之间的关系；16—45cm为亲密疏远状态，身体虽不相接触，但可以用手相互触摸。

第二，个人距离（46—120cm），其语言特点是语气和语调亲切、温和，谈话内容常为无拘束的、坦诚的，比如个人私事。在社交场合，此距离往往适合于简要会晤、促膝谈心或握手。这是个人在远距离接触所保持的距离，不能直接进行身体接触。个人距离的接近状态为46—75cm，可与亲友亲切握手，友好交谈；个人距离的疏远状态为76—120cm，在交际场所任何朋友、熟人都可自由进入这一区间。

第三，社交空间（120—360cm）。这个距离已超出了亲友和熟人的范畴，是一种理解性的社交关系距离。社交距离的接近状态为120—210cm，其语言特点为声音高低适中、措辞温和，它适合于社交活动和办公环境中处理业务等；社交距离的疏远状态为210—360cm，其语言特点为声音较高、措辞客气。它适用于比较正式、庄重、严肃的社交活动，如谈判、会见客人等。

第四，公共距离（360cm以上），这是人们在较大的公共场所保持的距离。它适用于大型报告会、演讲会、迎接旅客等场合。其语言特点为声音洪亮，措辞规范，讲究风格。

## 二、公共场馆礼仪

### （一）乘车礼仪

在当代社会，人们更加注重以车代步的方式提高工作效率，这已成为一项显著的特征。随着乘坐车辆类型的不同，所需注意的事项也会相应地发生变化。

在社交场合中，乘坐轿车已经成为人们日常生活中不可或缺的一部分。因此，人们对乘车时的礼貌行为就有了更高的要求。当您乘坐轿车时，请务必遵守以下礼仪规范。

1. 讲究上下车顺序

在乘坐双排座轿车时，应主动为女士、长者、上司或嘉宾打开车后侧的右侧车门，等落座后，随后关闭车门，自己从车后绕到左侧打开车门，最后在左侧座位上坐下。若未有专人负责车门开启，到达目的地后，应先从左侧门下车，然后绕至右侧门，打开车门，并邀请女士、长者、上司或嘉宾下车。

2. 注意在车上的谈吐举止

在行驶轿车的过程中，乘客之间可以进行适度的交流，但应避免过度与司机对话，以免导致司机分心。谈话时最好注意倾听对方的话并保持一定距离。避免谈论那些晦气的事件，如车祸、劫车、凶杀、死亡等，也不要谈论那些敏感而有争议的话题，相反，可以分享一些沿途的景观、风土人情或畅叙友情等令人愉悦的事情，从而让我们的旅行变得轻松愉快。

以文明的举止示人，切勿在车内吸烟、脱鞋、化妆、进食、饮用饮料、吐痰或向车外吐痰，更不能透过车窗向车外扔东西，这种行为不仅有损于形象，也违反了社会公德。

### （二）参加学术报告会礼仪

参加学术报告会时，应当着装得体，外观优美大方，准时进入会场，进出有序，按照会议日程有序落座。具体而言，需留意以下几个方面的规范。

1. 遵守纪律，准时有序

为确保集会准时开始，每位参与者必须具备高度的时间意识，提前数分钟抵达集会地点。注意会场秩序，请勿拖延，以免影响会议的进行时间和氛围。在入场之际，请勿与他人交谈，也不要高声谈笑，注意保持安静，不要喧哗。在最短的时间内完成队列的整备，并以高效的速度进入会场，以确保会议的顺利进行。在进入场地后，请务必就座于规定的位置。如果是临时安排参加一个小型座谈会的人员，可以先在会议室门口等会。即便没有预先安排座位，也必须顺从会议组织者的安排，快速就座，秩序井然。参加集会的人员都有一定数量的固定座位数和特定顺序。请勿侵占那些位置优越的席位，更不能坐在那些尊贵的贵宾席上。参加集会前一定要把仪容打扮得整洁大方、端庄美丽。在集会结束后，应当优先安排贵宾和师长离开会场，然后按照规定的顺序有序地撤离，切勿四散奔跑。

2. 尊重报告人，表示敬意

在报告人未到场之前，与会者应当以庄重的态度等待其到来。当报告人出现在主席台上时，全场应立即进入肃静状态，并以热烈的掌声表达对其的敬意，这是一种基本的礼仪。礼貌的表现是一种对报告人的尊重和激励，这种行为也会促使报告人精益求精地作好报告。

在作报告时，请保持安静，避免与人交头接耳、窃窃私语，切勿阅读报纸杂志、食用零食、打瞌睡、东张西望或左顾右盼，否则会对报告人的情绪产生负面影响，同时也会干扰其他人对报告的听取。

通常情况下，离开会场需谨慎，如有特殊情况需要离席，也应保持低调，以避免对报告人和听众造成不必要的干扰。那些以借口离场或扬长而去的行为无疑是一种极为不礼貌的举动。对于报告中那些令人惊叹的部分，我们应该用掌声来表达我们的认可和敬佩之情。在报告的尾声，我们应该用热烈的掌声来表达我们的感激之情。若报告人离场，则需再次鼓掌以示送别之意。

3. 自由发言，注意礼貌

在发言之前，请先通过举手的方式表达自己的想法，并在获得主持人的认可后，方可开始发言。在听取他人发言时，务必保持专注，切勿表现出漠不关心或不耐烦的态度，切勿随意插话，更不能强行打断他人发言。发言前要先说明自己对问题的看法。在发言人的观点未得到赞同之前，应保持沉默，避免与周围的人进行任何讨论，以免干扰会场的秩序，同时也不应公开流露出轻蔑的情绪或离开现场的行为。

在演讲中，必须以理性的态度表达观点，以赢得听众的认同。无论是阐述个人观点，还是反驳他人论点，言辞必须清晰明了，论据充足，以逻辑说服人心。对不同见解的争论，不能以自我为中心，而应以他人为中心。在面对不同的观点时，切勿轻率地扣上帽子，同时也要谨防言辞不当、恶语伤人的情况发生。当他人对自己的观点提出批评或不同看法时，应以谦虚的态度倾听，让对方充分表达自己的想法，不要急躁，也不要说出有损他人人格的言论，而应相互交流、相互学习，以求达成共识并保持差异。

### 三、涉外礼仪

在对外经济交往工作中，涉外礼仪是一系列表达对外宾尊重和友好的礼仪、仪式和惯用方式。它包括接待外国来宾、参观访问、洽谈业务等方面所使用的语言以及仪态、举止和表情等各个方面的要求。如果一个人不懂或不会使用涉外礼仪，不仅影响自身形象，还会使别人产生误解和误会。因此，在与外商交往的过程中，必须严格遵守涉外礼仪规范，以确保国家的尊严得到更好地维护，同时发挥作为连接国内外市场的桥梁和纽带的重要作用。涉外交往中必须重视交际对象的特殊性，努力掌握如下涉外交往的礼仪。

当然，除了上述这些内容，大学生还需要培养如出行礼仪、交际礼仪、迎送礼仪等多方面的礼仪素质。总之，从现实意义讲，具备礼仪素质的大学生，其发展前景都是比较好的。首先，培养礼仪素质有助于提高个人素养。礼仪素质是一个人教养、风度与魅力的体现。一个讲礼仪，遵守礼仪规范的人，能够较快地获得他人的认同与尊重。加强礼仪修养，有助于提高个人素养，有助于尽快获得别人的喜爱。其次，培养利益素质有助于大学生尽快成才。大学生是高知群体，接受的是高等教育。但大学生学习的不只是专业知识，还有文化道德以及礼仪素质等。一个专业知识过硬，但品德败坏，毫无修养的人，是不可能成才的。就算他成功了，也不会在成功的道路上走远。只有道德水准和知识水准协调的人才能在成功的道路上越走越远。

# 第二节　大学生管理素质的培养与提升

## 一、大学生压力管理素质的培养与提升

伴随着物质文明的长足进展，现代人正遭遇着空前的压力。既然压力的普遍存在已经成为不争的事实，那么我们在校期间学会压力管理，学会如何应对压力就成为不容回避的问题。

### （一）压力的本质

#### 1. 压力的定义

有学者对压力的定义是："压力是因为心理的、社会的、文化的和生理的环境改变而引起的"，而"这些改变的情形会造成生理或心理的负面影响"。还有一种定义比较接近行为心理学派的刺激反应理论："压力是个体预期未来可能发生的不安，或对威胁有所知觉，因而对有机体产生刺激、警告或使其活动。"

#### 2. 影响压力的因素

仅由定义并不能完全了解压力。为什么有些人在处理压力时感觉很困难？为什么在不同的时间，同一个人面对压力会做出不同的反应？这些问题都需要我们在探讨压力的性质时，对影响压力的因素进行分析。

（1）压力的性质

压力自身所表现出来的性质，与压力的严重程度密切相关，这些性质包括：压力的重要性、压力的持久性、压力的多样性、压力的紧迫性以及压力的强烈性。

压力的重要性，是指事件对个人有重要的意义及影响。如：亲人死亡、离婚、失业或生重病等事件，对个人的意义越重大，则压力越大。反之，如果是普通朋友或同事生病，则压力就不会太严重。

压力的持久性，是指压力存在的时间越久，其影响程度也越严重，不但体能耗尽，且心理的负担也加重。

压力的多样性，是指许多不同的压力在同一时间发生，对个人造成的影响远比这些压力分开来单独发生严重。

压力的紧迫性，是指当压力逼近时，其影响程度将增加。

压力的强烈性，是指压力越强烈，则个人处理它越有困难。不过因为个人对压力强烈程度的认定是主观的，所以人多半依据过去的经验及目前的感觉来判定压力的强弱。

（2）个人对压力的容忍度

有时，我们可以观察到一个事件对甲是压力，对乙却不构成压力。这是因为不同的人在对威胁的知觉、对压力的忍受，以及外在的支援方面存在着差异。

个人对压力和自己处理事件的能力的看法，影响着他处理压力的方式。如果我们不确定自己有能力处理某种压力，我们就可能经历较多的威胁。再者，如果我们面临新的改变是未曾预料的，如亲人突然病重，则在缺乏准备的情况下，我们会有很大的压力。但是，如果某种压力是我们自愿选择的，那么我们就有信心去处理和克服它。

（3）外在资源

积极的社会和家庭关系能够缓和或减低压力对个人的影响，反之，没有人际关系的支持，或是缺乏外来资源的补助，会使我们对压力的感应更加尖锐，同时削弱个人处理压力的能力。

**（二）压力对人的影响**

我们一提到压力，常常会联想到紧张、痛苦、不安等消极的字眼。其实，压力并不总是负面的。霍尔姆斯编制的社会适应量表显示：某些积极的生活事件也会带来压力，同样，压力造成的影响并不都是负面的，也包括积极正面的。

1.压力的负面因素

压力对人体的负面影响是很大的，可以从轻微的不适到严重的疾病。"身心"的连带反应相互影响，心理的压力可以引发身体的疾病，而生理的问题也会带来心理的困扰。此外，压力也会带来工作效率和人际关系的退步，这是因为压力带来的焦虑情绪会影响我们在工作和生活中的行为表现。

压力也可能带来个人适应力的降低，因为压力会损耗过多的精神和体力，从而降低个人对周围环境的适应能力。

2.压力的正面影响

具体来说，压力给我们带来的好处有三。

其一，有助于解决问题。只有在感知压力后，我们才会集中全部的精力来解决眼前的问题，也才能收到最大的成效。

其二，可以满足人类寻求刺激的需要。人类天生具有寻求刺激的需要，这种需求往往会在克服压力之后得到满足，因为没有任何压力的事件是不具备刺激性质的。

其三，可以增强调适能力。在我们承受压力的同时，我们也在探寻解决压力的方法。

因此，完全没有压力并不是件好事，同样的，压力也不是越大越好。正如部分中国学者所认同的：适当的压力，是保持活性的重要条件。如果空气没有了压力，我们的呼吸就会衰竭。如果血液没有了压力，我们的四肢就会瘫痪。只是压力需适度。比如冬日里柔柔的阳光照在我们身上，这是一种轻松的压力，让我们温暖和振奋。设想这压力增加 10 倍，那就成了吐鲁番酷热的夏季，让人难以忍受了。

### （三）压力的调适

下面简要阐述对压力的调适、放松，以及通过测试练习对自己的压力状况进行初步了解，帮助自己或他人减轻并调适压力；最后是对情商的分析，借此说明情商对于缓解压力具有一定的作用。

1. 生活经验

在我们的日常生活中，我们可以获得丰富的经验和知识。如果一个人能够从自己的经验中获得更多有用的东西，他将会受益终生。随着年龄的增长，人们所接触到的社会和世界层面变得越来越广泛，所经历的事情也变得越来越复杂和多样化，这也使得他们的生活经验变得更加丰富。在面对压力时，我们可以从这些生活经验中获得多种解决方案，以应对不同的挑战和困境。

2. 支持系统

个人与社会是一体两面、相互依存的，个人无法离开社会而独存，社会也不能没有个人而存在。我们的支持系统，如亲人、朋友、同事、团体和组织等，都能在我们处于压力时给予帮助，无论是心理支持还是物质资助，多少能缓解一些压力。

3. 态度／信念

态度和信念属于认知层面。有美国学者认为，人先有思考，再有行为，然后产生情绪，所以人变得不愉快是因为他们有错误的或不现实的信念。同一件事，不同的人会产生不同的反应，那就是因为他们对这件事的解释不一样。从认知心理学派的角度来看，压力情绪持续与否完全取决于个体对自身感受到的不舒适作何解释。

4. 自我照顾身体的习惯

在面临压力时，我们常常会倍感疲乏。在压力处理完之后，我们又如何照顾自己？例如适量的运动、正常均衡的饮食、适度的睡眠、定期的健康检查和休息等。如果我们知道如何照顾好自己的身体，那么在压力期间就可以拥有充沛的体力、放松的技巧，使自己的心理紧张情绪随着身体的放松逐渐抒发出去。

5. 行动技巧

学习有效的行动技巧是必不可少的，例如冥想、放松、静坐和治疗性按摩等，这些技巧可以通过专家的指导和反复练习，可以有效地缓解压力。

6. 放松的技巧训练

通过运用放松技巧，身体肌肉得到放松，神经系统得到舒缓，逐渐达到心理平衡，从而更加有效地应对压力情况，避免手忙脚乱和精疲力竭。

每个人可能有不同的放松方式，都可有技巧地通过肌肉的松弛和神经的舒缓来达到放松的目的。例如按以下步骤做放松运动，运用吸气吐气渐进地放松身体的肌肉，最好选择在一个安静的房间，平躺在床上或坐在沙发上进行；分别拉紧身体不同部位的肌肉，让紧张的部位持续约 5 秒钟，再慢慢地放松拉紧的肌肉，同时，默默地说："放松！紧张随之而去！"继续再深吸气，将气重重地吐出，并默默地说："放松！紧张随之而去！"

放松运动能帮助我们在紧张时平静下来，而后有稳定的情绪来处理压力。因此，放松运动的最终目的在于帮助个人控制紧张。

## 二、大学生情绪管理素质的培养与提升

### （一）情绪的定义

情绪是指个体受到某种刺激所产生的一种激动状态，这种激动的状态虽然可被个体的自我所经历，但并不会被其所控制。

**（二）情绪的特点**

一般而言，情绪有以下特点。

（1）是一种主观的经验。正如俗话所说"如人饮水、冷暖自知"，只有个人自己才能真正感到喜、怒、哀、乐各种不同的情绪。

（2）是个体内在的反应，如自主神经系统的反应。

（3）是对特定事物的信念或认知评估，这种信念或认知评估会使个体产生正面或负面的情绪。

（4）情绪会借由脸部表情来表现。

（5）对于知觉到的情绪可表现出反应。

**（三）情绪的管理培养与提升**

当我们接受一个刺激（眼睛看见或身体感受到）时，我们的小脑会自动地产生一种生物生理化学反应，这就是情绪。情绪的产生是源自小脑的一种完全自发自动的生物生理化学反应，这是属于我们生理上的一种自我保护的原始机制，是比我们的理性思维、智力（也就是我们的大脑）速度快8000倍的反应模式。

由小脑产生的情绪所引发的行动，并没有经过我们数理逻辑的分析中心大脑的思考，因而由此所采取的行动是被动的、非理性的反应，我们通常称其为"非条件反射"。从"非条件反射"到经过大脑分析后采取理性行动，就是情绪智能的反应，这个过程的时间约6秒钟。也就是说，当小脑自发产生情绪后的6秒左右的时间，小脑才能将信息传递到大脑，进而由大脑进行逻辑分析，作出理性判断，采取理性的行动。由大脑对小脑的情绪进行理性分析后选择采取行动的能力就是情绪智能。

1. 情商

情商，即情绪智商（emotional quotient，EQ），也称为情绪智力（emotional intelligence，EI），是与"智商"（intelligence quotient，IQ）相对的一个心理学概念。情商是一项评价人的情绪智力发展水平高低的指标，是与个人成才和事业成功有关的一种全新的概念。

这一概念最早由沙洛维和梅耶于1990年提出，接着被哈佛大学心理学家丹尼尔·戈尔曼进一步推广。

（1）自我认知

自我认知是一种能够在情绪出现时立即察觉的能力，它是情感智商的核心所在。它与其他因素共同作用于人的情感活动过程。要培养自我认知，必须仔细聆听身体内部的"躯体标志"，即隐藏在身体深处的情感体验。当这种情感发生时，我们未必能够意识其存在。所以，我们需要有意识地去发现和探索隐藏在内心深处的秘密。自我认知和心理领悟力的基础在于监测情绪的不断变化，若无法洞察自身真实情绪，只能任由其摆布。因此，要想获得好成绩和健康发展，必须学会控制自己的情绪。如果我们能够更深刻地理解自己的情感，那么我们就能够更加精准地引导自己的人生方向，从而作出更加重要的人生决策。

（2）自我管理

在自我认知的基础上，通过自我情绪的调节，使其在适当的时机和程度上得到恰当的掌控，这就是自我管理。自我管理所指的是一种自我安慰的能力，旨在帮助人们摆脱失败所带来的焦虑、沮丧、愤怒和烦恼等消极情绪的侵袭。自我管理能帮助人们克服自卑心理，提高自信心。那些缺乏自我管理能力的人，常常会被痛苦的情绪所缠绕，如同漩涡般无法自拔；相反，自我管理能力高的人则能从容地面对挫折和困难，以积极乐观的心态去面对未来。情绪可以影响一个人的一生，甚至决定了人的命运。情绪管理就是要帮助你学会控制自己的情绪。一种情感的持续时间，取决于个体自身的情感状态。如果你能让自己平静下来，就可以抑制自己的情绪。另外，这一策略同样适用于减轻沮丧和焦虑。因为，不能控制情绪就不能冷静地思考问题，常常会导致冲动的行为出现。

（3）自我激励

自我激励，指服从于某目标而调动、指挥情绪的能力。能够自我激励，积极热情地投入工作，才能保证取得杰出的成就。那些具备此项能力的人，无论从事何种行业，都能以更高的效率和更显著的成效获得成功。激励就是通过一定的方法或手段使人们在心理上产生一种需要或愿望，从而激发出内在的动力来完成预定目标的过程。

（4）识别他人的情绪

识别他人情绪，是指通过细微的社交信号，敏锐地感知到他人的需求和欲望，从而识别出他们的情感状态。情绪自我觉察是指对自己的情绪状态进行观察和分析。这是一种基于情感自我认知的能力，它是人际交往中最根本的技能之一。识别他人情绪的能力不仅有助于个体了解自身需要和愿望，而且可以帮助人们更好地处理人际矛盾和冲突，促进人际交往。

（5）人际关系的管理

人际关系的艺术在于通过巧妙的情绪调节技巧，使他人的情绪反应得到有效的调节。在工作中，人际关系是影响工作效率和效果的重要因素之一。通过提升人际关系管理能力，可以增强一个人在社会中的受欢迎程度，提高其人际互动效能等方面的表现。如果没有良好的人际关系，个人就不能在工作中取得成就。善于处理人际关系者，凭借与他人和谐相处的能力，能够轻松应对各种挑战和困难。相反，若缺乏这种协调沟通技巧，则会使个人在工作中受到挫折或失败。

2.情商的评估与培育

（1）情商的评估

既然情商在个人发展事业成功中如此重要，那么培育情商就显得十分重要。在培育情商之前，我们首先要对自己的情商有一个理性的认识和了解，即情商评估。通过客观评估、学习和实践可以改善情商沟通技巧，这与改善数学、语言、体育和音乐技巧是相同的。

（2）情商的培育

情商是人的情感发展水平的指标和通用数，先天性的遗传因素对其影响和作用并不太明显，主要通过后天的学习、培养和熏陶而逐渐提高。

## 三、大学生时间管理素质的培养与提升

时间是人类重要而又有限的资源，我们每天都必须面对"时间有限"的压力。虽然我们不能创造时间，但是我们能有效地利用时间，有效的时间管理能将时间压力转换为达到目标的动力。只要运用得当，便可让我们的理想一一实现。相反，如果时间不能得到适当运用，不但会使理想无法实现，而且会造成生活上的压力，进而影响个人的工作表现，甚至会造成个人心理或生理上的不健康。所以，要想实现自己的追求，就必须学会时间管理。

## （一）时间管理

许多学者十分关注时间管理，他们的探索也推动了时间管理理论的发展。具体来说，时间管理理论迄今为止经过了四个发展阶段。

### 1.第一代时间管理理论

第一代时间管理理论，十分注重便条与备忘录的运用。这种管理方式可以将目标细化，并且具有提醒、督促计划执行的作用。

但是，这种理论的缺点在于：没有"优先"的观念。虽然每做完备忘录上的一件事，会给人带来成就感，但是这些成就未必符合人生的远大目标。

### 2.第二代时间管理理论

第二代时间管理理论强调运用计划与日程表。这种改变，反映出人们已经开始意识到计划未来的重要性。

虽然这一理论使人的自制力和效率都有所提高，但是仍然没有注意到事情的轻重缓急。

### 3.第三代时间管理理论

第三代时间管理理论是目前最流行的观念，它强调优先顺序，也就是依照轻重缓急制定短、中、长期目标，再逐日订立实现目标的计划。

但是也有人提出异议，认为这种方法把每天的时间安排都填满了，会产生副作用，使人每天纠缠于急务之中，拘泥于计划，会造成视野不够开阔，降低生活品质的情况。

### 4.第四代时间管理理论

第四代时间管理理论，在前三者的基础上，以原则为中心，配合个人的使命感；兼顾重要性与紧迫性；注重生命因素的均衡发展；始终把个人精力的焦点放在"重要"的事务上。

第四代时间管理理论强调：判断"重要"的标准就是目标。凡是有利于实现目标的事务均属重要，越有利于实现核心目标就越重要。该理论将事情按照紧迫和重要程度的不同，分为 ABCD 四类，如下图所示。先做 A，后做 B，少做 C，不做 D。这样一来，方向重于细节，策略胜于技巧。始终抓住"重要"的事，才是最有效的时间管理、最好的节约时间的方法。

事情分类

### （二）大学生时间管理素质的提升方法

1. 设定目标

创建系统性的整体目标是时间管理的首要条件。在目标明确后，可做有效的时间规划舍弃不重要的工作，专注处理与目标有关的工作。

（1）制定人生目标

尽管个体的人生目标各不相同，但是合理可行的目标应该具有以下几个特征。

①完整

人生目标需要涵盖生活的各个层面。一个生命体从出生、成长到最后的毁灭是一个连续发展的过程，也是一个由个体与环境交互作用而产生生理、心理改变的过程。其发展方向大致有五个：认知发展、生理发展或身体发展、社会发展、情绪发展、人格发展。

认知发展偏重于心智的活动——思考、知觉、记忆、注意力、语言等；生理发展或身体发展偏重于遗传、神经、荷尔蒙与行为的关系，偏重于身体的改变；社会发展偏重于个人与他人、环境的互动；情绪发展偏重于个人的情感表达；人格发展则偏重于个人的特质。

五种发展交互影响、交互作用。一个人的年龄影响着他的智力；一个人的社会经验影响着他的语言、能力和人格等；一个人的外形影响着他的自我概念、社交能力；而一个人的情绪能影响到他的社交能力及生理等。唯有认知、生理、身体、社会、情绪、人格均衡发展才是健全的人。因此，人生目标需要涵盖认知、生理与身体、社会、情绪、人格五项。

有时，我们会暂时不知道一个目标该归于哪种类别。对此，我们不必太在意，因为人是一个完整的个体，分为五个方向的目的主要是帮助大学生思考周全，只要大学生的目标清楚、合理就可以了。

②清楚

目标应当尽量清楚、具体化，不能太笼统。

③合理

目标必须合理，不实际的目标只会造成不必要的压力和挫折。

目标并非定下后就决不更改，随着对目标的了解，可能需要对目标做些弹性的调整。

（2）划分目标

一个大目标往往令人却步不前，或是在追求目标的过程中丧失冲劲而无法坚持到底，因此可以将目标分为长期、中期、短期以及每天应达到的目标，然后逐一实现。此外，对长期的目标进行划分，核定每天应该完成的工作量也是很有必要的。

2. 时间规划

每个人每天都有 24 小时，然而运用的方法不同，结果也会迥异。一天睡眠 4 小时的人可能比一天睡眠 8 小时的人完成更多的工作，但并不代表他达到了目标。

（1）评估目标

太多的目标会分散有限的时间、精力，最终将会一事无成。然而面对众多目标，又该如何取舍呢？

①帕累托法则（80/20 法则）

帕累托法则（80/20 法则）又称为犹太法则、二八法则、80：20 法则或最省力法则。该法则主张只要控制具有重要性的少数因子就能控制全局。"团体中的重要项目，是由全体中的小部分人来完成的。"举例说明：

80% 的考题来自考试范围的 20%；

80% 的销售额是源自 20% 的顾客；

80% 的看电视时间都花在 20% 的节目；

80% 的阅读的书籍都是取自书架上 20% 的书籍；

80% 的看报时间都花在 20% 的版面；

80% 的电话都是来自 20% 的朋友；

80% 的教师辅导时间都被 20% 的学生所占用。

帕累托法则告诉我们，不要把时间花在琐碎的大多数问题上，因为即使你花了 80%，你也只会得到 20%；应尽量将时间花在重要的事情上，因为只有那些才可以花费较少的时间，获得更高的绩效和成就。如果我们能够掌握那些至关重要的少数问题，那么我们只需要花费 20% 的时间，就能够获得高达 80% 的成果，我们应该将时间投入到这些问题上。因此，要提高工作效率必须把精力集中到最有价值的事情上。

通过掌握关键要点，我们可以确保工作计划的准确性不受任何偏差的影响。如果你的精力集中到了重要的事情上，那就是非常明智和成功的选择！当一项工作计划陷入危机时，我们很容易陷入琐碎的日常事务中，从而增加了出错的风险；然而，那些善于有效地管理时间的人，总是能够确保自己参与到至关重要的 20% 活动中去。

② A、B、C 分类法

拉肯恩提出 A、B、C 分类法，把工作根据其重要性订出优先序列表。

方法是首先在纸上列出所有的工作，然后逐一评估各项工作，在最重要的工作前标上 A，在次重要的工作前标上 B，在最不重要的工作前标上 C。其中 A 类工作最为重要，因此应先处理 A 类工作。当完成目标分类的工作后，再将 A 群中的工作依照其重要性进行排序，因为所有的工作不会具有同等的价值。至于 B、C 类的工作则暂时搁置。

有一点需要注意：A、B、C 三类工作的优先性也可能改变，今天的 A 类可能是昨天的 B 类，今天的 C 类亦可能是明天的 B 类。例如，下星期要举办迎新露营活动，而场地一直未定，于是今天一定要去勘察场地，但早上气象预报说下星期会有猛烈的台风，所以露营势必要延期；现在最重要的工作已不是勘察场地，而是要把延期的信息传达出去。因此，要经常评估与调整目标的优先性。

运用 A、B、C 分类法，需要确认评估工作顺序的标准是"重要"而非"紧要"。在做决定时，就要明白哪些事情是真正重要的，哪些事情是紧要但非重要的。这将有利于把有限的时间用于最合适的地方。

（2）有效规划每天的时间

有效地运用时间就是指在适当的时段做适当的工作。有些工作需要全神贯注地投入，不能丝毫分心。有些工作无需太多的注意力就可完成，甚至在同一时期可以同时进行两种以上的工作。有些工作最初常要全神贯注，但熟练后则无需太多的注意力。这是因为意识通常仅能专注在一件事上，所以需要脑力的工作一次只能做一项，而潜意识则可以同时处理多样事情，当然这些事情必须是我们所熟练的。

工作有其特性，时间也有其特性。因此，规划时间需要把工作的特性和时间的特性有机结合起来。有些时段容易受到干扰，适合做无需全心全意的工作，甚至可以安排两件事情同时进行，比如一边接听电话，一边将档案归类；一边煮饭，一边听新闻。有些时段不受干扰，则可以考虑安排思考性的工作。

此外，规划时间还需要注意对每天零星时间的合理安排。零星时间常常会被浪费，这非常可惜。其实零星时间占时间很大的比例。我们常常需要处理一些琐碎但必需的工作，可将这些琐事列在记事本里，随身携带，一有空时便立即解决。有些固定的零星时间可以规划妥当、加以好好地利用，例如，用每天等车的时间来背英文单词，半年下来日常会话的词汇就都记住了；在电梯里思考一下如何与即将见面的人打招呼，这是建立良好人际关系的方法。善用零星时间往往会达到意想不到的成果。

规划时间也需要考虑个人的特性，有些人精神最佳的时段是早上 5：30—7：00，有些人最佳的工作时间则是凌晨 1：00—3：00。因此，必须亲自规划时间，才能对时间进行最有效的安排。

（3）预订计划

预订计划是有效运用时间的重要环节，计划做得越周详，完成工作就越容易、越快。若事先没有花时间订计划，那么在工作中就需花更多的时间来处理未曾预想到的突发事件。

每天在睡觉之前，需要拟订第二天的计划，包括：明天应该完成的任务、可能遇到的状况以及应对策略等。做计划的好处在于可缩短进入状态的时间，还会使任务进展得比较顺利。

计划不可安排得太过紧张，需要预留时间做弹性安排，因为即使再周详的计划都会有疏忽的地方，而且随时可能有突发事件需要我们拨出时间来处理。

（4）执行计划

将计划付诸实施时，难免会遇到内在（自己）及外在（环境）的阻力，除了解决自己本身的问题外，还要善于利用外在环境来帮助自己达到目标。

①改变拖沓的习惯：计划要是永远停留在"计划"阶段，即使再完美也无法帮助自己达到目标。然而只是消极地解决"已拖延的工作"，并不能彻底地改变拖沓的习惯。应该认识到："拖"并不能解决问题，而且会带来压力。压力如果得不到适当的疏解，就会造成心理及身体的病变。而减轻压力的最好办法就是：早日完成工作。由此，可以自觉地养成不拖沓的习惯，从而能够有效地管理时间。

②适当调整进度：执行计划时，通常会因为某些因素而不能完全按照原计划进行，因此适当地调整进度是必要的。在修改进度时需要配合各阶段的目标，年历是一个很好的工具，可以帮助我们调整进度。

③适当的工作环境：工作的物理环境，如灯光、音乐、温度、湿度等都会影响工作绩效。一般而言，工作环境中每处的光线亮度最好一致；工作环境中的噪声会使个体紧张、兴奋；颜色影响个体对空间的感觉；空间中的温度、湿度及空气的流动交互影响着人体的感觉。

④工作空间的规划：工作空间的规划以方便、实用为原则，当然也要考虑受干扰的因素。

⑤善用利器：科技的进步，给人类带来了许多可以节省时间与精力的工具，改变了人们的生活。

⑥养成有条理的习惯：要节约时间，就应该养成有条理的习惯。

⑦寻找自己的生理节奏：生理节奏因人而异，有的人适合白天工作，而有的人在晚上工作效率更高。能将生理节奏与工作的轻重缓急紧密结合，就会事半功倍，相反，就会事倍功半。

⑧养成快速的节奏感：同样的时间，同样的工作，不同的人会有不同的工作绩效。原因就在于效率不一，而效率往往取决于节奏。道理很简单：拖拖拉拉与雷厉风行，方式不同，结果自然不同。

⑨随时鼓励自己：执行计划时难免会遇到阻碍。观察、反省，找出解决问题的方法是积极的态度，但别忘了随时鼓励自己，这是支持计划继续执行的动力。

# 第三节　大学生领导力素质、团队精神素质的培养与提升

领导力与团队精神，是现代企业成功的关键要素，也是大学生求职和应聘过程中，企业非常看重的指标。当今市场竞争环境越来越激烈，大学生的就业形势越来越严峻，然而学校和学生在抱怨就业机会较少的同时，企业方却也有着招不到优秀人才的困扰。其原因主要是大学培养的人才和企业所需要的人才在各项能力上的错位，大学教育在人才非专业素质的培养方面还有待提高，而培养学生的领导能力与团队精神则显得尤为重要。本章将主要从企业的角度出发对这些问题进行详细的论述，而有关领导力与团队精神的基本理论，不仅适用于企业，也可以广泛应用于日常学习和生活中的其他领域。

## 一、大学生领导力素质的培养与提升

### （一）大学生领导力的内涵与特点

#### 1.领导力的内涵

领导力的实质在于一种有针对性的、积极的影响力，其最大的价值在于引导和推动人们怀有强烈的好奇心、阳光自信的心态和积极主动的行为，不断超越当前和自身，为社会和国家作出更加持久的贡献。

领导者的领导力源于其内在的价值观、品格修养、自信进取、思维方式、专业能力和经验成就等素质能力，以及外在的行动表现。其中，领导力本身就是一种软权力。对于组织中的领导者而言，领导力不仅包括自身的影响力，还涵盖了基于领导职位的实质性权力，然而，从根本上说，自身的影响力不仅是赢得实质性权力的前提，同时也是自身不断成长并赢得更广泛实质性权力的保障。从这个意义上讲，一个好的领导者首先要具备强大的软权力。对于那些拥有职位的领导者而言，单靠硬性权力难以胜任工作，必须将其与自身的影响力相互叠加，方能将领导工作推向卓越，不断超越自我。

在领导力的多个方面中，最为重要的是确立正确的前进方向，即基于对世界、社会和自身科学认知的价值取向选择，以引领人们朝着正确的成长方向前进，为人们提供源源不断的动力，并推动人们发挥更为积极的影响。一旦领导方向偏离

正轨，那么其他方面都将失去其根本意义和长远价值。因此，在领导力的塑造中，确立并坚定正确的方向是至关重要的。

2. 大学生领导力的内涵

人们的世界观、价值观和人生观的正确塑造，直接影响着领导力方向的塑造。只有具备良好的世界观、人生观、价值观才能在工作中作出成绩。相反，缺乏正确的世界观、人生观和价值观，将会阻碍领导力的形成和发展。所以，领导力的教育必须从世界观、人生观和价值取向入手进行。在大学期间，青年人特别是大学生所处的环境呈现出逐渐脱离原生家庭、越来越多地受到高校和社会环境影响和熏陶的基本特点，而由于大学生自身的内在特点，他们正处于世界观、人生观和价值观形成和塑造的关键阶段，一旦形成，其改变难度极高。这一时期正是青年学生成长成才最关键时期，对他们进行领导素养教育具有非常重要的意义。因此，在大学这个孕育未来领袖的摇篮，以及大学时期形成和塑造领导力的关键时期，领导力的培养不仅需要抓住在职各行各业的领导者，更需要抓住大学这个至关重要的场所。

在大学这个独特的环境中，大学生通过自身的学习、生活和社会实践等行为，对周围的老师、同学等相关群体施加有针对性的、积极的影响力，从而为未来的职业生涯奠定领导力的方向和基础。大学生的领导力包括认知力、执行力、亲和力三个方面，其中认知力是基础，执行力是关键，亲和力是保障。大学生的领导能力是内外两大因素相互作用的综合体现，既受到了大学校园这个微小的环境的影响，也受到了新时代这个广阔环境的影响。因此，大学生领导力也必然会受到外界各种环境因素的制约与影响。大学生的世界观、人生观和价值观的塑造，既受到高校和社会环境的外在影响，也受到大学生是否认同、内化和向外传递的影响。大学生的领导能力与学生所处的校园环境有着密切的联系，他们的领导力水平也会受到校园氛围以及教师和学生之间关系的制约。只有当大学生在具体的事件中展现出积极的影响力时，他们才能被视为树立了正确的世界观、人生观和价值观，并且拥有了正确的领导能力方向。

大学生领导力是新时代高校立德树人历史使命的内在要求，也是创新高校思想政治教育工作的有效载体，更是大学生世界观、人生观和价值观正确方向的集中体现，同时也是将国家和社会要求与大学生成长成才紧密结合的有效方法。

在思想政治教育、专业教育、学生干部实践、社会活动实践和家庭教育的基础上，大学生领导力是可以帮助他们改造自身的主观世界和外在客观世界的一种有效的形式。其中思想政治教育是核心，专业教育是关键，学生干部实践是保障，社会活动实践为补充。在大学生的领导力中，强调通过积极参与学校社团组织或担任学生干部角色，使大学生在社会实践和工作实践中得到充分的发挥。同时，大学生领导力还包括个体内在因素与外部环境因素对其影响力作用效果。通过参与学生干部工作实践，大学生可以进一步明确中国特色社会主义的领导目标，明确团队和组织的价值追求方向，提升自身的领导能力和道德修养，增强法治能力，从而促进大学生领导力的形成和发展，进而推动其对社会产生更为广泛和深远的影响。

3. 大学生领导力的特点

在新时代，大学生领导力呈现出崇高的理想、专业的知识、对他人的关注、高尚的品格和开阔的视野，这些是其主要特点。大学生在思想意识方面与党和国家保持高度一致，怀揣着对中国特色社会主义道路的坚定信念和热情向往，对中华优秀传统文化怀有深厚情感，对中国特色社会主义制度优势有着深刻的认识，这就是所谓的崇高理想。

专业知识是指大学生掌握了一定的专业基础知识和基本技能，具备了较强的专业技能，并具有良好的职业道德和综合素质。专业知识是大学生学习专业知识、提升能力素养的重要基础，也是实现自身目标的基本保证。大学生的领导能力建立在其所掌握的专业知识基础上，这些知识不仅是其内在优势的具体体现，更是其领导力发展的重要载体。在这个过程中，专业知识的作用非常重要。同时，作为一个知识体系中最重要的组成部分，大学生应该具有一定的专业技能，就是大学生在学校里学到的专业技术技能。通过运用这些专业知识，大学生可以深刻认识到其所蕴含的专业价值，进而感知到自身专业学习和社会价值的双重意义。

大学生的领导力发挥作用离不开对他人的关注，这是一种至关重要的方式。领导力的实质在于积极地影响他人的能力，而大学生不仅需要具备熟练的专业知识，还需要将这些知识应用于具体的人和事，而这些人是否符合专业知识的要求，则需要考虑到具体人和事的特点和差异性，并采取相应的运用方法。这一过程有助于培养大学生从以自我为中心的思维模式逐渐转变为换位思考的思维模式。

大学生的领导力不仅源于其内在品质和作风，更在于其外在表现的品格。品格作风具有鲜明的时代特征，它不仅反映了一个人的价值取向和精神风貌，而且还影响着其人格特征和思想品质。品格作风是一种具体的品质，它能够直接影响人们的感知和行为。大学生领导力就是要让学生在潜移默化中形成一种良好的品格作风，以提升他们的领导素养。良好的品格作风能够使大学生成为一个优秀的人，一个有责任感的人和具有人格魅力的人。此外，优秀的道德品质和工作作风不仅能够确保大学生在专业知识的应用方面取得实质性的成效，而且还能够为其未来的职业生涯奠定坚实的基础。

大学生领导力不断创新发展，必须具备开阔的社会视野。在网络信息时代下，传统的校园空间逐渐缩小，学生们可以更加便捷地获取信息。尽管互联网已经蓬勃发展，但高校环境的封闭性仍然存在，这使得大学生的视野呈现出双重性，一方面可以轻松获取其他高校和社会的信息，从而有助于横向比较和学习；另一方面，由于客观环境的影响，个体容易陷入自我满足的状态，从而限制了其视野和格局的拓展，无形中对其成长施加了一定的限制。因此，必须要有一种开放意识，让更多的人参与大学生领导力提升中来，通过各种途径拓展大学生的视野空间。大学生的视野开阔，为其领导力的提升提供了无限的可能性、成功的经验和进取的动力，同时也为其持续发展提供了必要的先决条件。

### （二）大学生领导力素质的提升路径

#### 1.价值引领：创新思想政治教育培育体系

大学生的思想意识在领导力内容中占据着至关重要的地位，因此，无论是在教育理论还是领导力教育实践中，思想政治教育都以其马克思主义的本质属性和科学专业性成为大学生提升思想意识的根本途径，同时，思想政治教育也能够有效地提升大学生的品格作风、创新能力、社交能力和认知能力。

#### （1）拓宽思想政治教育主体

积极拓宽大学生思想政治教育的主体范围，实现从以思政教师为主向学校、地方、行业党政领导干部和具有杰出领导力的校友等多元化群体的思想政治教育主体拓展。通过建立高校辅导员制度提升专职思政课老师的职业素养，同时要注重对学生进行实践锻炼和人文关怀，增强他们的工作责任心。相较于一般的专职思政课教师，党政领导干部和那些具备卓越领导力的人群，长期坚守在社会各行业的前沿，拥有出色的政策解读能力和独特的人生体验，能够深入浅出地剖析经济社会的热点难点问题，从而为大学生们提供更加深刻的感受，以满足他们的理论需求和发展需求。

（2）丰富思想政治教育方式

为了满足新时代高校立德树人的人才培养需求和高素质专业化领导人才战略需求，我们需要探索更加丰富的思想政治教育方式，以实现思政育人实效，从而推动大学生向未来社会各行业的领导者角色转型过渡。

第一，拓展思想政治教育的渠道，充分发挥同龄人教育的积极作用。

第二，丰富思想政治教育方式，探索增加实践类思想政治教育的比例。

第三，丰富思想政治教育方式，统筹协调网络技术应用和网络平台建设。

（3）创新思想政治教育载体

在实践思想政治教育过程中，将大学生的领导力视为中国共产党领导力的部分，是解决中西文化背景差异所带来的大学生领导力概念问题的关键所在。大学生领导力具有鲜明的时代特点和时代意义，其形成过程主要体现为"自我"向"社会"转变的过程、由个人到集体再到国家的发展历程以及对传统领导模式的反思三个方面。在中国特色社会主义理论体系的范畴内，探索将思想政治教育与大学生领导力提升相融合的途径，是基于我国独特的国情、文化和教育制度，同时也是思想政治教育从高校外部要求向大学生自身成长内在需求转换的必然选择。

寻求将思想政治教育与领导力教育有机融合的创新载体。大学生作为未来建设国家的主要力量，其素养水平对我国现代化建设具有重要影响作用。为了提高新时代高校思想政治教育的亲和力，必须探索与大学生领导力提升的融合之路，以解决高校思想政治教育与新时代大学生发展要求之间的局部不适应和不匹配问题。在此过程中，必须注重加强对大学生的领导力培养。随着百年未有的巨变，思想政治教育环境、大学生成长发展环境以及大学生领导力发展环境都发生了相应的变化，这引发了大学生价值观、社会适应性和领导力等方面的问题，需要思想政治教育工作进行创新和引导。

第一，注重理想信念教育与大学生领导力教育的融合。

第二，注重意识形态教育与大学生领导力教育的融合。

第三，注重思想品德教育与大学生领导力教育的融合。

2. 创新擎托：构建学科专业教育创新体系

以大学生领导力提升为视角，构建学科专业教育创新体系，将其从校内实习拓展至校外企业实践、全国及世界性专业竞赛和创新创业进校园等多个领域，从创新创业理念、制度建设、师资建设、课程建设和学科专业实践教育平台建设等多个方面，探索基于大学生领导力提升目标的学科专业教育创新路径。

（1）推动学科专业教育与创新创业教育共同发展体系构建

建立一套融合学科专业教育和创新创业教育的综合体系，以完善学科专业课程的体系。以"互联网＋"为契机，推进产教融合发展模式。推进学科专业课程体系改革，提升产学研三方面对学科专业教育与创新创业教育融合体系的兴趣和利益相关度，加强学科专业教育与创新创业教育融合体系师资建设，完善师生互选平台，加速学科专业课程考核体系改革，纳入学科专业教育与创新创业教育融合指标，并适度提高其考核比重。

（2）推进学科专业教育与专业竞赛培训相互促进体系构建

在高校本科生创新教育体系中，大学生专业竞赛是一项至关重要的组成部分，它能够有效地激发大学生对学科专业的浓厚兴趣，提升他们对所学专业的热情和信心，同时也有助于培养他们的专业素养和创新精神。数学作为工科院校一门基础课程，在人才培养过程中具有不可替代的作用。在大学中开展大学生专业竞赛具有十分积极的意义。大学生们在竞赛中需要展现出广博的专业知识和丰富的经验，同时也需要充分发挥他们丰富的想象力和敏锐的洞察力，以达到最佳的表现效果。在专业竞赛中，学生不但能够学到系统的知识，而且能够掌握科学思维方法，获得解决问题的策略，从而使自己具有一定的创新能力。通过将学科专业教育与大学生专业竞赛培训相融合，专业竞赛过程成为一种具有创造性思维的过程，有助于大学生更加明确自身的学习目标和学科专业发展目标，同时也能够激发他们对学科专业能力发展的追求。

要以现代教育理念为引领，坚持学科专业竞赛与学科专业教育目标计划相统一的原则，构建符合学科专业竞赛要求的学科专业课程体系，完善大学生专业素质能力全面发展的选拔机制。

（3）促进学科专业教育与社会实践教育彼此融合体系构建

建立一套融合学科专业教育和大学生社会实践教育的体系，以提升大学生学科专业教育的实践性，引导他们善于从实践中发现问题，并将理论学习与实践锻炼有机结合，从而借助大学生领导力凝聚力量，培养创新意识，提高问题分析和解决能力。以学生为主体，将学科专业知识融入大学生活之中，通过建立科学的课程体系和教学模式，实现学科专业教育与社会实践教育有效衔接。探索将学科专业模拟实践教育与大学生社会实践教育相融合的创新之路。建立高校"大工程观"指导下的人才培养模式，加强对学生创业技能、团队协作能力、创新能力等方面的训练，实现大学生综合素质全面提升。建立大学生企业经营沙盘模拟社团和俱乐部，以加速大学生专业教育的第二课堂建设，推动大学生专业实践的创新。

要建立学科专业模拟实践社团管理体系，加强学科专业模拟实践社团能力建设，多途径加强学科专业模拟实践社团宣传，加强校内外相关资源整合，深化实践项目的技术支持。

3. 实践铸基：丰富学生干部实践锻炼体系

以大学生领导力的实践性本质为基础，致力于扩展学生干部实践的内容和范围，将其从校内活动拓展至区域经济社会发展服务领域，将学生干部实践置于社会发展的广阔天地中，从而进一步提升大学生领导力。

（1）拓宽以问题为导向的社会调查研究视域

突出问题导向，明确调查研究目标，拓展社会调查研究的内容和范围，拓宽社会调查研究视域，提升调查实效。

（2）延伸以服务为宗旨的社会服务工作手臂

当前，大学生社区服务的范围和内容仍有进一步拓展的空间，志愿者服务等无偿服务不仅在不断扩展服务范围，同时也在探索与企业创新和地域交流相关的有偿服务形式，以此为大学生的创新创业和未来就业奠定坚实基础。拓展大学生的社会服务领域，特别是在生态环境保护方面，以提高他们的生态意识和环保参与度为目标。鼓励大学生社会服务实践活动，支持大学生参与社会管理和公共服务工作，推动高校培养"全面型"人才目标的顺利实现。在拓展社会有偿服务的过程中，必须秉持以学习为主导的原则，紧密结合社会有偿服务与学生干部领导力的提升，注重社会有偿服务的价值评估和学生干部自我实现的效能，这不仅可以提高学生干部的综合素质，还可以为企业等社会组织的创新发展作出贡献。通过对高校实践教学体系的改革和完善，使大学生参与社会有偿服务，不仅有利于提高学生干部队伍的素质和战斗力，还有助于增强大学生自主创新能力，进而推动经济社会可持续发展。值得特别强调的是，在遵循市场经济规律的前提下，拓展学生干部社会服务的范围和内容，探索有偿社会服务，必须以基于社会责任和道德的无偿志愿社会服务为主体，这是学生干部领导力的先进性所在，同时也是产生更广泛社会影响的基础。

（3）创新以发展为需求的学生干部工作实践

高等教育机构在办学过程中，特别是地方高校，应当与区域经济社会发展的需求相契合，积极探索学生干部实践的新思路，与政府、企业和民间组织紧密合作，建立起学生干部培养共同体，为区域经济社会的繁荣发展提供优秀的人才骨干。为高校学生干部提供参与地方政府调研工作、文案工作、群众工作和宣传工作的机会，特别是在地方经济、社会情况普查、产业发展相关统计、民生建设实地调研、公民素质提高和社区建设等方面，探索与地方政府联合培养人才的方案。在开展大学生干部实践活动中，可以将其纳入当地党委政府规划之中。畅通高校与地方政府之间的人才交流通道，不仅能够为高校学生干部提供更广泛的实践平台，促进其综合能力的锻炼和提升，同时也为地方政府工作注入了新的活力，解决了基层政府工作人力资源短缺的难题。

4. 文明传承：完善社会家庭环境支撑体系

大学生领导力的认知与互动水平，可以从社会家庭环境支撑体系的反映中得到体现。作为大学生领导力提升的直接相关教育主体，家庭、社会应当加强对大学生领导力提升情境的关注，提升自身的领导力水平，加强家庭教育、社会教育与学校教育的融合，以增强各方教育资源在大学生领导力提升情境中的互动能力，同时提高互动活动中各方教育主体的教育创新水平，从而推动大学生适应物理环境、融入和影响人际环境，继承和发展基于文化情境互动的社会文明。

（1）提高以家庭环境为"基"的家庭教育领导力

在大学生领导力教育的过程中，即使积累了再多的家庭资本，如果缺乏领导力的家庭教育，其提升作用也会受到极大限制。要实现优秀的领导力，家庭教育需要家庭成员以身作则，率先垂范，积极优化家庭教育方式，以小家为基础，心怀天下，采用共融型、开放型的家庭交往方式，为大学生的领导力形成和发展提供情境支持。此外，家庭教育还能通过培养孩子的自我效能感促进学生领导力水平的提高。因此，在家庭教育中，培养领导力意识和提升家庭教育领导力需要社会各界共同努力，共同营造一个有利于家庭教育领导力提升的共同领域。

要创设领导力支持型家庭教育服务环境，可以组建领导力支持型家庭教育服务组织，可以开展家庭教育领导力项目试点，也可以构建家庭教育领导力提升工作新机制，还可以增强父母学院（学校）实际作用。

此外，要创设领导力支持型家庭教育环境，完善优化家风家训教育，筑牢家庭人文道德基础，培育指向创新变革的宽容精神。

（2）弘扬以新时代社会领导文化精神为"核"的社会先进文化

建立完善的社会文化支撑体系，以促进大学生从孤立主义封闭行为向普遍联系开放的利他行为的转变，从而提升他们的领导力。在个体培育上，要注重引导大学生形成理性平和的价值取向，培养大学生良好的自我效能感。加强对大学生社会心理认知模式的科学分析和处理，提高对人文情境与大学生之间复杂作用的重视程度，促进中华优秀传统文化情境的表征和集聚，突出大学生在涵养文化修养方面的主观能动性，以及在涵养文化修养的技术层面上实现大学生与社会文明互动整体系统的科学分解和精细化管理。加强大学生品格作风涵养的认知导航功能，优化大学生与社会文明互动的心智模式，提升大学生群体内文明互动心智模式的互通性。

（3）构建以整合多方教育资源为"要"的大学生领导力教育生态圈

以高等教育机构为主导，建立起一个涵盖大学生领导力教育的生态系统。通过对当前我国大学生领导力教育现状分析和研究，提出了大学生领导力教育生态圈的建设路径和具体实施方案。大学生领导力教育生态圈致力于打造一个涵盖早教中心、幼儿园、全日制中小学、大学、教师培训中心、父母学院、教育研发基地、文化体育基地、社会组织及地方政府教育功能的全方位领导力教育生态系统，以促进大学生领导力的提升。

为了贯彻大学生领导力教育生态圈的新理念，我们将多方教育资源整合到大学生领导力教育生态圈中，以发挥其引导作用。

## 二、大学生团队精神素质的培养与提升

团队协作能力，是建立在协同合作的基础上，借助团队精神，相互补充和支

持，以实现团队最大工作效率的一种能力。团队中每个人都能充分发挥自己的才能，并形成一个有机整体。团队中的成员不仅需要具备个人能力，更需要具备在不同职位上发挥所长、与其他成员协同合作的能力。

**（一）团队与团队精神**

1. 团队

（1）团队的含义

团队是由相互协作的个体所构成的正式群体，其目的在于实现特定的目标。团队是现代组织管理中最重要的管理模式之一，也是企业发展的主要推动力。这是一个由员工和管理层共同组成的集体，它充分利用每个成员的专业知识和技能，协同合作，共同解决问题，实现共同的目标。在企业管理中，团队建设已成为重要内容之一。团队的组成要素包括目标设定、人员配置、角色定位、权限划分以及计划制订等。团队管理的理论主要有"木桶"效应理论、人本主义心理学以及冲突理论等。团队和群体在本质上存在着显著的差异，因为群体具有向团队转型的能力。团队有自己独特的组织形式、结构以及运行方式。团队的分类通常基于其存在的目的和自主权的大小，包括问题解决型、自我管理型和多功能型三种不同类型。

（2）团队的特征

一是团队成员必须确立明确的目标，并深刻理解这些目标所蕴含的现实意义和重要性。

二是团队成员应具备实现目标所需的基本技能，并能够在协作中展现出卓越的表现。

三是建立相互信任，每个人都坚信团队内其他人的品德和能力是值得信赖的。因此，每个团队都是一个有高度凝聚力的集体。

四是交流良好，团队成员之间有顺畅的信息交流。

五是团队成员之间的角色变化频繁，因此需要具备高超的谈判技巧，以确保团队高效运作。

六是被广泛认可的领袖，高效的团队领导通常扮演着教练或后盾的角色，他们为团队提供指导和支持，而非试图掌控下属。

七是内部与外部的相互支持，不仅包括内部的合理基础设施，还包括外部提供必要的资源和条件。

（3）团队的构成要素

①目标

团队的存在价值在于为成员提供明确的目标和方向，只有这样，团队才能真正发挥其作用。

要想使团队充满活力和战斗力，首先要明确每个人的责任，并将个人的目标与组织的目标结合起来，形成一个整体的目标体系。为了确保团队目标与个人目标的一致性，我们可以将大目标细分为小目标，并将其分配给每个团队成员，以共同实现这个目标。目标一旦确立之后，要有明确的执行计划和方法，使每个人都能为达成目标而努力。为了确保目标的广泛传播，我们需要将其有效地传达给团队内外的成员，并在必要时将其贴在成员的办公桌和会议室里，以激励所有人为这一目标而努力。

②人

团队的核心在于人，他们是构成团队的最重要力量。团队成员之间存在着相互信任、合作与竞争等关系，每个成员都有自己的目标和任务。在企业管理活动中，人是一种资源，它对组织的影响很大。在团队中，人员的选拔是一项至关重要的任务，因为只有通过具体的人员来实现目标，才能确保团队的成功。这就是团队成员之间存在着分工和合作关系。在一个协同合作的团队中，需要有智慧的人提出建议，有人制订计划，有人付诸实践，有人协调不同的人一起工作，还有人负责监督团队工作的进展，并对团队的最终贡献进行评估。在团队目标的实现过程中，不同的成员需要根据自身的能力、技能和经验进行选择，以实现分工协作。

③团队的定位

团队的定位包含两层意思。团队的定位，团队在发展过程中处于什么位置，由谁选择和决定团队的成员，团队最终应对谁负责，团队采取什么方式激励成员？个体的定位，作为成员在团队中扮演什么角色，是订计划还是具体实施或评估？

④权限

团队中的领袖权力的大小与团队的成长阶段息息相关，通常情况下，随着团队的成熟，领导者所拥有的权力也会相应减少，而在团队发展的早期阶段，领导权则相对更加集中。随着团队规模逐渐扩大到一定程度时，领导者权力会出现转移，这时需要对领导权力观进行重新思考，并采取相应措施加以调整，以保证团队的稳定和健康发展。团队的权限关系可以从两个方面来考虑：

首先，对于整个团队在组织中所扮演的角色，决策权归属于哪些方面，这是一个需要认真考虑的问题。在企业管理过程中，每个人都有自己的决定权，这是由每个人所承担的责任和任务决定的。

其次，组织所具备的根本属性。举个例子，当一个组织的规模达到一定程度时，其所拥有的团队数量是否足够庞大，以及该组织对团队的授权程度如何，都会对其所从事的业务类型产生影响。

⑤计划

计划具有双重层面的内涵：

首先，为了实现目标，必须制订一系列具体的行动计划，这些计划可以被视为目标实现的具体工作程序。

其次，若能提前按照预定计划有条不紊地推进，将有助于确保团队的进展顺利。因为计划是对行动过程的安排，它能引导团队朝着既定方向前进。只有在遵循既定计划的前提下，团队方能逐步接近目标，最终达成预期目标。

2. 团队精神

（1）什么是团队精神

团队精神是一种凝聚着全局观念、协作精神和服务意识的高度凝聚的精神状态。团队精神在社会发展中发挥着越来越重要的作用，它对企业文化建设也有着深刻的影响。团队合作的基石在于对个人的兴趣和成就予以充分尊重。在工作中，要有共同的理想、信念、价值观，以及为实现这个目的所应具备的能力和素质。协同合作是组织的核心，其最高境界在于凝聚全体成员的向心力，体现了个体利益和整体利益的完美融合，从而确保组织高效运转。

（2）团队精神的具体作用

①目标导向功能

通过团队精神的引导，团队成员能够紧密合作，共同努力，朝着一个共同的目标前进。对于团队成员而言，他们必须朝着同一个方向努力，从而将整个团队的目标分解成多个小目标，并在每个队员身上得到了切实的落实。

②团结凝聚功能

传统的组织管理方式忽视了个人感情和社会心理等方面的需求，应通过对群体意识的培养和队员在长期实践中形成的习惯、信仰、动机、兴趣等文化心理来沟通人们的思想，引导人们产生共同的使命感、归属感和认同感，从而逐渐强化团队精神，形成一种强大的凝聚力。

③促进激励功能

为了实现激励功能，团队精神需要每个队员都自觉地向团队中最杰出的员工看齐，并通过正常的队员竞争来达成目标。团队精神需要有合理有效的激励机制来激发成员工作的积极性和主动性，使他们能够以最佳状态投入到学习与生活之中去。这类激励并非仅限于物质层面，而是需要获得团队成员的认可。

（3）团队精神的重要意义

①团队精神能推动团队运作和发展

在团队精神的引导下，成员之间形成了一种相互关心、相互支持的互动行为，表现出对团队的主人翁责任感，并自觉地维护团队的集体荣誉，从而使团队精神成为推动公司自由而全面发展的动力。

②团队精神培养团队成员之间的亲和力

一支具备协作精神的团队，能够激发每个成员的工作热情和主动性，从而形成共同的集体意识和价值观，进而激发团队成员的凝聚力和友爱互助的精神，只有这样，团队成员才会自发地将自己的智慧和才能奉献给团队，同时也能够实现更全面的发展。

③团队精神有利于提高组织整体效能

通过加强团队协作，提升建设水平，可进一步降低内部成本。团队是一种精神力量，也是一种资源，更是一个人成功与否的关键。如果企业过于专注于责任的界定，而忽略了客户和员工的需求，那么就会削弱成员之间的情感纽带，从而对企业的凝聚力造成损害。

**（二）团队精神培养**

1.确立一个目标

形成一个团队的首要条件在于达成共同的目标和期望，这也是大学生忠诚于一个团队和组织的重要途径。只有每个人都能清楚地了解自己所追求的目标，才能实现个体与群体之间的和谐发展。团队的成功离不开一个切实可行的目标，而这些目标不仅是团队存在的价值所在，更是其基石所在。只有当每个人都能清楚地知道自己想要什么时，才能激发出集体智慧，实现共同理想。因此，必须确立一个明确的、科学合理的目标导向，以促进全体大学生在目标认同的基础上形成紧密的团队，共同协作，为实现目标而努力奋斗。

2. 树立我为人人，人人为我的思想

在组织内部，各个部门之间、上下级之间以及前道与后道之间的相互作用构成了一条供给链，只有通过相互协作、群策群力，才能完美地实现这一目标。如果缺乏协调就会出现各种矛盾和冲突，甚至引发危机，因此，必须加强管理，特别是强化沟通和协调功能。

3. 树立主动服务思想

团队的职责在于相互协作，然而在日常工作中，我们常常会遇到一些被忽视的关键问题，这些问题需要我们发扬团队精神，积极主动地为其他部门提供卓越的服务，全力以赴地帮助他人解决难题，从而实现组织的领先地位。

4. 增强领导者自身的影响力

团队的核心在于领导的引领。领导者在工作中，不仅要会说、会读、会记、会算等，而且还需要有良好的沟通艺术。作为领袖，必须深刻理解团队成员的心理，尊重他们的需求，并以"服务治理心态"为导向，而非监管和控制心态，运用自身的组织协调能力和领袖魅力，引导和影响团队成员按照既定方向完成组织目标。领导者应当以倾听多元化的声音为基础，积极接纳并深入思考不同的观点和意见，以求同存异、保留不同思想为目标，充分发挥团队的协同效应。

5. 建立系统科学的治理制度

确立制度化、规范化、程序化的治理工作和人的行为，以确保组织的协调、有序和高效运行。

6. 经常沟通和协调

有效的沟通需要在信息和思想上进行交流，以达成共识；而协调则是达成行动一致的关键，这两者都是形成集体所必需的前提条件。团队精神的培养需要依靠正确的沟通方法才能实现，它不仅体现为个体间的有效沟通，还包括群体间的合作沟通。建立良好的沟通需要双方相互了解和理解，因为沟通与团队精神养成之间存在着因果关系。因此，我们应该积极向他人推销自己的主张，认真倾听他们提出的与自己不同的意见和主张，以"双赢"的沟通方式求同存异，从而达到良好的沟通目的。

# 第四节　大学生自信表达素质、人际关系素质的培养与提升

## 一、大学生自信表达素质的培养与提升

在人类的文化中，我们特别需要自信、自尊这样的词来促进人性中积极进取的一面，以此获得勇气去面对并置身于纷繁复杂的外部世界。因此，自信对一个人一生所起的作用无法估量，无论在智力上还是在体力上，或是做事的各种能力上，自信都占据着极其重要的基石性地位。同样的，如何把职业生涯规划这幅人生的蓝图变为现实，首先就需要自信。自信在每个人的职业生涯发展中发挥着至关重要的作用。对于当代大学生来说，如何有效地表达自己的见解，尤其在众人面前落落大方地展现自己的风采，是自信的客观体现，往往也成为找到理想职业的敲门砖。

有许多因素影响着我们的职业发展，其中，缺乏自信心对职业发展将产生非常不利的影响。古今中外无论是成就大事者还是在平凡的岗位中作出不平凡贡献的人，无一例外都是拥有高度自信的。

### （一）自信对职业发展的影响

在大多数社会中，自信心被广泛地视为一种宝贵的个人财富。美国机能主义心理学和实用主义哲学的先驱者詹姆斯曾在《心理学原理》一书中指出，要相信自己需要的是什么，只要自己有信心就能成功地达到目的，同时自己要有取得成就的勇气。

人是要有一点精神的，这种精神就是一种积极向上的坚定信念和不屈不挠的自信心。因此，那些具备坚定信念的普通人，才能被称为成功者。成功与不成功没有什么不同，只要相信自己，相信自己会比别人更好地发挥潜能，那么成功就

一定属于你了。我们的信念程度是决定成功程度的关键因素，因此我们必须时刻警惕自己的缺陷，以免被其所蒙蔽。在现实生活中，很多时候可能会感到自卑，但如果能够树立起自信，那么就能战胜一切困难。每个人都应该在成功的道路上迈出坚定的步伐，因为信心是成功的关键，每个人都应该学会坚定自己的信念。

对于年轻的大学生而言，要想绘制出自己的人生蓝图并将其转化为现实，首要之务在于建立起内心深处的自信心。在学习生活中，如果缺乏自信心，就会影响到学生对未来工作和生活的态度。自信是一个人在事业中获得成功的重要因素之一，它是推动事业发展的不竭动力。它是一种积极向上的心理状态和行为方式，它可以使人们产生巨大的精神力量，使人充满激情和活力。自信，是源自内心深处的一种自我认同，一种对自我价值的认知和肯定。有了自信才能使你在困难面前不低头，才能让你在逆境中奋起。展现自信的方式之一，是以踏实和谦虚为基础。在学习上，自信就是坚持自己的选择。自信是一种独具匠心的人格魅力，那些拥有这种魅力的人，懂得如何巧妙地利用他人的长处，弥补自身的不足之处。

### （二）如何建立自信

自信是能力的第一要素，能力的大小、能力的水平是职业发展的基础，因此自信的培养、锻炼，对提高职业高度具有至关重要的作用。

如下图所示，能力的第一要素是态度，是人的倾向，是人的努力，人的主观能动性，其核心是自主选择，其实就是自信心。那么如何建立自信呢？一个人心里想什么，就会成什么。征服畏惧、征服自卑、建立自信最快而最确实的方法，就是去做害怕的事情，直到获得成功的经验。

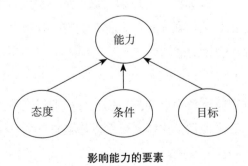

**影响能力的要素**

1. 正确认识自我

正确认识自我是建立自信的前提。人无完人，每个人不可能在各个方面都有优势，因此，正确地认识自我对建立自信非常重要。

在进行生涯规划时，每个人不仅要关心"我要干什么"，更应该充分考虑"我能干什么"。要清楚自己的兴趣爱好、气质特点、性格特征、基本素质、专业知识以及技术能力等适合做什么。只有正确认识和评价自我，才能找到自己的立足点。

我们还可以通过自我静思、社会比较以及心理测验等一些常用的方法和途径来正确认识自己。例如，对各种矛盾和冲突进行理智、冷静的自我剖析，通过自己与社会上其他人做比较尤其是与自己条件、地位类似的人比较来认识自己，或通过他人的态度、参加一些社会活动的结果等客观、公正地评价自己，也可以通过一些科学的心理测验来认识自己。

2. 建立自信的具体方法

客观、正确地认识自我是建立自信的前提，但是，在日常的生活、学习和工作中养成一些具体的习惯将有助于我们逐步建立起自信。建立自信的一些具体方法如下。

（1）挑显眼的位置就座，习惯当众发言

相关心理研究表明，大部分习惯占据后排座位的人，都希望自己不要"太显眼"，而害怕受人注目往往就是缺乏自信的外在表现。因此，无论是参加讲座还是会议，或是其他活动，习惯在前排就座有利于我们建立信心。

许多具有敏锐思维和卓越才华的人，却因缺乏信心而无法充分发挥自身优势，从而无法参与讨论。无论参加何种性质的会议，每一次发言都应该以积极主动的态度进行，无论是评论、建议还是提问，都不能有任何例外，同时需要注意不要在最后才发言，以确保会议的成功。

（2）练习正视别人

许多信息从眼神中流露而出。如果你想让自己的目光聚焦于他人，那么你就需要让自己的目光专注于他们，这样不仅可以增强自己的自信，还可以赢得他们的信任。

（3）将平常走路的速度加快25%

许多心理学专家将懒惰的姿态和缓慢的步伐与对自身、工作和他人的不愉快感受相关联。这些人认为，他们是懒惰的表现。然而，心理学专家指出，通过调整身体姿态和速度，我们可以对心理状态产生影响。如果一个人每天都保持着一种固定的姿态，他就不会感到疲劳。若细心观察，不难发现，身体的动作是由内心深处的情感和思维所驱动的。当你的内心受到挫折时，你会做出一些小举动来表达不满或发泄愤怒，比如走路、说话或者走路姿势等。那些遭受挫折、遭受排斥的人，步履蹒跚，毫无自我信心。他们的心里充满了自卑，甚至认为自己根本不如别人。另一种人则表现出超凡的信心，走起路来比一般人快，就像跑一样。他们的步伐告诉整个世界："我要到一个重要的地方，去做很重要的事情，更重要的是，我会在15分钟内成功。"使用这种"走快25%"的方法，抬头、挺胸、走快一点。

（4）经常咧嘴大笑

众所周知，笑容是一种极具推动力的力量，可以治愈那些缺乏自信的人。笑容不仅在于疗愈负面情绪，更在于即刻化解他人的敌意。在人际交往中，如果我们能把自己的笑容放大，就可以使你的人际关系变得更融洽。所以说笑可以使你更自信，让你更快乐，让你的生活更加充实。若欲展颜"大"，则半笑不笑则无益，唯有露出牙齿，方能见其功效。

（5）相信自己是独一无二的，并经常利用积极心理进行暗示

在当代社会，每个人都以自我为核心，这种现象被称为"自我陶醉"。"自我陶醉"是一种心理病态，它严重影响着人的身心健康和正常生活。自尊的健全与自我陶醉之间存在天壤之别。"尊重"是自我实现和自我完善的基石。"尊重"二字所蕴含的意义在于珍视其所代表的价值观。它是一种态度和行为方式，对他人、集体以及个人的发展起着重要作用。尊重的本质就是把自己看作一个独立的个体，不受任何外界因素的干扰。在一个社会中，每个个体都会有自己的价值观和人生观，但他们往往被他人所支配着。自我陶醉的满足是一种以现实主义和享乐主义为基础的自我膜拜。所以自尊就是一种精神上的爱。当一个人失去了自信心时，他将会感到非常痛苦，甚至绝望。建立自信的关键在于接纳我们当前的状态。我们应该把自尊视为一个积极的力量，它将激励我们在前进中保持乐观向上的心态。

尽管我们的生理和心理并非天生相同，但我们享有平等的权利，可以依据自身的精神准则感受到自身的卓越之处。

同时，我们还可以经常利用积极的心理暗示来建立自信的状态。通常，少用"反正"或"毕竟"等丧失斗志、令人丧气的词语，尽量尝试运用肯定的语气，不利于自己的措辞可以省略或改用代名词；逐渐把问题抽象化，使讨厌的事情变得不讨厌，利用联想游戏，有助于忘记讨厌的事情，凡事要有最坏的打算；克服自卑感的诀窍是把"我"想成"我们"：只要一想到"天无绝人之路"就能减轻不安；怯场时，不妨道出真情，即能平静下来；不顺利时，可以"自言自语"，写信给朋友或亲人，也是消除烦恼的好方法；闷闷不乐时，就尽量把原因写出来……因此，形成完整的自信体系，标志着具有不断体验成功的经历；不断提升的自我发掘，标志着形成良好的思维体系和优秀的行为习惯，这些都是自身发展取之不尽、用之不竭的源泉。

## 二、大学生人际关系素质的培养与提升

### （一）人际沟通对人际关系的影响

#### 1. 人际沟通与人际关系相互作用

人际关系与沟通，彼此影响，两者可以互补，也能够相克。人际关系良好，往往沟通就会比较顺畅；同样的，沟通良好，也能够促进人际关系的和谐。反过来说，人际关系不良，增加沟通的困难；沟通不良，促使人际关系变化。

#### 2. 如何增进人际沟通

任何人都不是独立的个体，也不是一座独立的孤岛，在进行人际沟通时，维系人与人之间的情意，最重要的不是技巧，而在于诚信。因此，为了增进人际沟通的效果，需要存入六种感情"存款"。

第一种，了解别人。唯有了解并真心接纳对方，才能增进彼此的关系。若想先被人所了解，就要先了解别人。

第二种，注意小节。一些看似无关紧要的小节，如疏忽礼貌，不经意的失言，其实最能消耗感情账户的存款。

第三种，信守承诺。就算客观环境不允许，依然努力实现诺言。

第四种，阐明期望。所有人际关系的问题，都源于彼此对于角色与目标的认识不清。对切身相关的人，我们总会有所期待，却误以为不必明白相告。在关系开始之初，就应了解彼此的期待。

第五种，诚恳正直。背后不道人短，是诚恳正直的最佳表现。能够以爱心与一贯的态度诚实对待一人，都看在其他九十九人眼里。

第六种，勇于道歉。由衷的歉意是正数，但习以为常就会被视为言不由衷，视为负数。

孔子曾说过："独学而无友，则孤陋而寡闻。"由此可见，良好的人际沟通能够增长一个人的见识，拥有良好的人际关系。与此同时，懂得如何与人进行良好沟通的同时，在人际关系中还要注意相处的艺术。

### （二）相处的艺术

我们生活在社会中，而社会是由人组成的，人与人之间的关系实际上就是人与人之间的相处。人与人之间的相处可以存在于任何场合和环境，而不同的相处方式会有不同的结果。

### （三）与人相处的艺术

如何能创造快乐和谐的人际交往？以下提出几点以供借鉴。

1. 换位思考

在人际交往中，具备一颗敏锐的心灵，渴望深入了解他人需求，洞察其真实面貌，并以实际行动满足其期望。

在此，至关重要的一点是要采用"换位思考"的方式，即站在对方的角度去思考他的想法，了解他的感受和困扰，而不是站在自己的主观立场上来作出武断的评价。同理心也可以理解为我们对他人所产生的尊重感或信任度。若我们能以同理心审视周遭万物，相信必能消减诸多争端和纷争。

2. 善于倾听

在与人相处的过程中，若非某些言语必须表达，那么倾听的价值远胜于言语的表达。倾听是一种能力，也是一门学问，更是一种修养和境界。成为一位愿意倾听的人并非易事，而成为一位耐心倾听他人意见的听众则更为艰难，因为那些能够耐心地静坐聆听的人，必然是思想丰富、谦逊温柔、性格温和的人，他们总是备受尊敬。如果一个人不能够倾听别人的话，那他就会觉得自己没有什么东西值得说出来，也不会有什么值得被人欣赏之处，甚至会认为自己是一个没有主见的人。若欲成为一位如此之人，当以真诚为先，唯有如此，方能更容易地获得他人的认可。其次要在倾听的过程中注意偶尔插上一两句话，而且应该注意的是，只是偶尔的一两句。另外，不论他人说什么不要随便纠正。要审慎分析、判断来自四面八方的声音。

3. 善于沟通

适时适当的沟通可以避免许多不必要的猜测和误会，增进彼此的了解与认同，它是建立和谐人际关系不可或缺的方法。但应谨记君子慎言，祸从口出，言多必失，多言多败。说话要用智慧，有时候适时的沉默不仅能养精神，避免尴尬，而且能省去很多的麻烦。人生在世，与其口舌生非，不如沉默思考。

# 参考文献

[1] 张枫.中国优秀传统文化与高校思想政治教育工作融合研究 [M].太原：山西经济出版社，2022.

[2] 张冀.高校微信公众平台思想政治教育功能研究 [M].成都：西南交通大学出版社，2021.

[3] 韩振峰.新时代高校思想政治教育及思想政治理论课教学研究 [M].北京：中央编译出版社，2021.

[4] 王永亮，张倩倩，李莹.新视阈下的高校思想政治教育研究 [M].北京：中国华侨出版社，2021.

[5] 刘小春.高校网络思想政治教育引论 [M].重庆：重庆大学出版社，2021.

[6] 王利平，刘健.网络环境下高校思想政治教育方法研究 [M].武汉：武汉大学出版社，2020.

[7] 杨昆呈，杨静茹.人文关怀视阈下高校思想政治教育研究 [M].石家庄：河北人民出版社，2019.

[8] 刘巧芝，杨涵.以中华优秀传统文化助推兵团高校思想政治教育研究与实践 [M].南京：南京大学出版社，2019.

[9] 官桂香，陈昊楠，李婷婷.互联网背景下高校思想政治教育工作研究 [M].北京：中国文史出版社，2018.

[10] 石沁禾.高校公共危机管理中思想政治教育研究 [M].南京：南京大学出版社，2018.

[11] 谢俊霞，张丽娟，白清华.高校思想政治教育与大学生人才培养深度融合的机遇与挑战 [J].黑河学院学报，2021，12（04）：44-46.

[12] 阳灵.高校思想政治教育与大学生人才培养深度融合的机遇与挑战 [J].中学

政治教学参考，2020（39）：85.

[13] 马洪坤.高校思想政治教育对大学生创新素质的培养 [J].吉林广播电视大学学报，2020（07）：144-145.

[14] 王荣钰.高校辅导员培养核心素质的价值及其实现——基于大学生思想政治教育视野 [J].环渤海经济瞭望，2020（01）：188-190.

[15] 王雄.大学生素质拓展计划与高校思想政治教育研究 [J].知识经济，2019（25）：130+132.

[16] 黄鑫.论高校思想政治教育对大学生素质的培养 [J].智库时代，2019（36）：113-114.

[17] 汪洋.大学生思政教育与创业型人才培养的有效融合——评《高校思想政治教育和创新创业教育协同育人研究》[J].中国教育学刊，2019（08）：134.

[18] 李鎛洪.加强高校思想政治教育 强化大学生综合素质培养 [J].科教导刊（上旬刊），2019（22）：74-75.

[19] 韩丽娜.基于大学生综合素质提升的高校思想政治教育研究 [J].创新创业理论研究与实践，2019，2（04）：174-175.

[20] 周倩.大学生国民素质教育与高校思想政治教育融合研究 [J].江西电力职业技术学院学报，2019，32（01）：54-55+57.

[21] 韩晓玉.高校思想政治教育中大学生非智力因素的培养路径研究 [D].太原：太原科技大学，2019.

[22] 珠娜.高校大学生思想政治教育中培养民族文化信仰研究 [D].呼和浩特：内蒙古农业大学，2018.

[23] 汤璐嘉.思想政治教育视阈下大学生创新素质培养研究 [D].重庆：重庆工商大学，2018.

[24] 徐佳.高校思想政治教育中大学生非智力因素的培养研究 [D].绵阳：西南科技大学，2017.

[25] 杨娟.高校思想政治教育中大学生法律素质培养探究 [D].青岛：青岛大学，2017.

[26] 苏大雪.高校大学生接受思想政治教育动力培养研究 [D].桂林：广西师范大学，2017.

[27] 郭道冉. 大学生思想政治教育与人文素质培养研究 [D]. 西安：陕西科技大学，2017.

[28] 常永杰. 高校思想政治教育视域下大学生创新能力培养研究 [D]. 开封：河南大学，2016.

[29] 李燊燊. 论思想政治教育的大学生创业素质培养 [D]. 长春：吉林大学，2016.

[30] 王天一. 思想政治教育在大学生创业素质培养中的作用研究 [D]. 哈尔滨：哈尔滨工程大学，2016.